Kinderseelen sind verletzlich

Ingeborg Ballhausen

Kinderseelen
sind verletzlich

Otto Maier Ravensburg

Anmerkung der Verfasserin:

Wenn in diesem Buch von „Mutter“ die Rede ist, müßte eigentlich in den meisten Fällen „Mutter, Vater oder andere Bezugspersonen“ stehen. Die Fähigkeit, eine intensive Beziehung zu einem Kind aufzubauen, ist nicht allein der leiblichen Mutter vorbehalten, wie längst erwiesen ist. Aus Gründen der Lesbarkeit habe ich jedoch auf diese umständliche Formulierung verzichtet.

Originalausgabe

Titelfoto und alle anderen: Michael Seifert,
außer: S. 29 Manfred Vollmer, S.47 Ernst Fesseler,
S.52 Barbara Klemm, S.42 und 95 Inge Kundel-Saro
Umschlaggestaltung: Ekkehard Drechsel BDG
Gesamtherstellung: Appl, Wemding
Printed in Germany

92 93 94 95   5 4 3 2

ISBN 3-473-42722-5

Inhalt

Vorwort

Auch Erziehen will gelernt sein. Von den Schwierigkeiten und Problemen beim Erlernen dieser wichtigen Aufgabe handelt dieses Buch. Es geht von Alltagssituationen aus, wie sie sich allen Eltern stellen: Die meisten Eltern freuen sich zunächst auf ihr Kind, nach der Geburt fühlen sie sich nicht selten belastet, und in den ersten Lebensjahren verspüren sie oft eine Unsicherheit über die Einschätzung der Entwicklung ihres Kindes, aber ebenso über ihre Erziehungsmethoden. Dies ist ganz normal und keineswegs besorgniserregend. Schon diese Erkenntnis ist aber keineswegs selbstverständlich. Die ängstliche Selbstbeobachtung von Eltern und die ständige Befürchtung, etwas falsch zu machen, führt zu Unsicherheiten, die sich auf das Kind auswirken. Die Überzeugung, alles richtig zu machen, kann aber ebenso Folgen haben – für das Kind, aber auch für die Kommunikation der Eltern untereinander. Wer viel mit Kindern zu tun hat weiß, daß jedes Kind anders ist – und das ist gut so. Wenn dies so ist, so muß aber auch für jedes Kind das geeignete Vorgehen in der Erziehung entwickelt oder auch entdeckt werden. Dies kann nicht nach starren Regeln erfolgen, weil diese meist nicht die Besonderheiten des einzelnen Kindes berücksichtigen. Aber auch das Fehlen von Regeln kann hier nicht weiterhelfen, denn Kinder müssen geführt und geleitet werden – sie erwarten dies auch. Damit ist ein „Balanceakt" thematisiert, der sich bei der Erziehung von Kindern auf nahezu allen Altersstufen immer wieder einstellt. Er führt zur Frage für die Eltern: „Was soll ich tun, und was kann ich lassen?" Die Antwort auf diese Frage, die sich in der Erziehung ständig stellt, ist von Situation zu Situation und von Kind zu Kind verschieden. Hier gibt es leider keine Patentrezepte oder Handlungsschemata, die in jeder Situation und auf jedes Kind angewandt werden können. Vielmehr müssen diese Fragen von jedem Erzieher in jeder Situation neu gestellt und neu beantwortet werden. Dies wird in dem vorliegenden Buch versucht. Anhand von häufigen Erziehungssituationen im Vorschulalter wird eine problemorientierte Anregung zum Nachdenken gegeben, aber ebenso Hinweise für erzieherische Maßnahmen, die sowohl der Situation als auch der Individualität des einzelnen Kindes Rechnung tragen. Solche Situationen sind z.B.: Bindung und Zuwendung, Bedeutung des

Spiels, Selbstvertrauen und Erfolgserlebnisse, Gewähren und Verbieten, Reinlichkeitserziehung, zu Bett bringen und Schlafen, Trotzanfälle, körperliche Strafen usw. Dabei wird jeweils die Situation in plastischer Weise skizziert, und es werden Wege aufgezeigt, die sowohl dem Entwicklungsstand des jeweiligen Kindes und seiner Individualität als auch der jeweiligen Situation der Eltern Rechnung tragen. In diesem Sinne regt das Buch zum Nachdenken an, zu Gesprächen über Erziehung, zur sorgfältigen Beobachtung der Kinder und zu ihrer Respektierung als Individuum, für das ein eigener Weg in der Erziehung und im späteren Leben gefunden werden muß. Ich wünsche diesem unprätentiösen und im guten Sinne „anleitenden" Buch viele Leserinnen und Leser.

Prof. Dr. Dr. Helmut Remschmidt,
Marburg

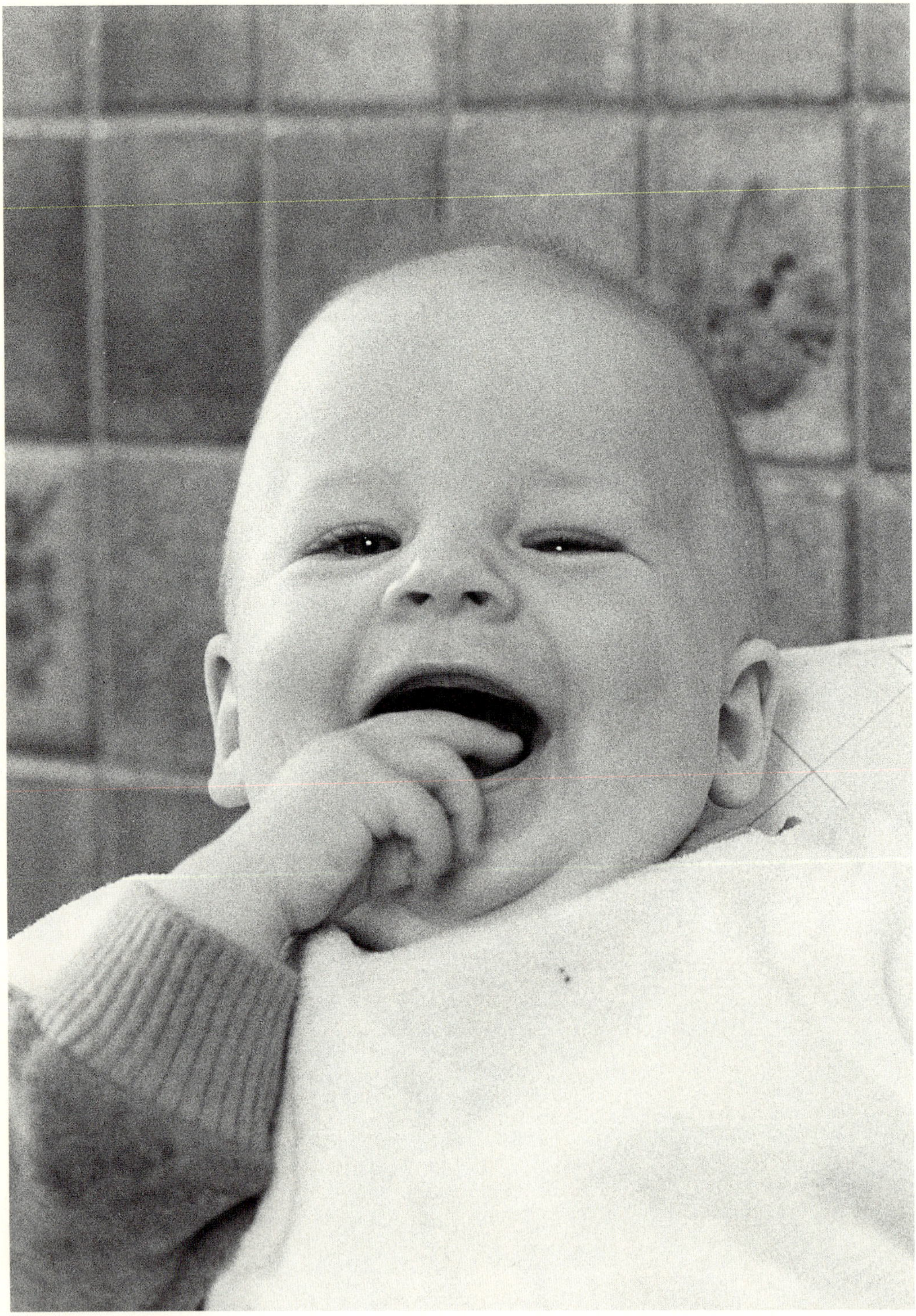

Es ist nicht immer kinderleicht, ein Kind zu kriegen

Oft ist die Schwangerschaft der erste wirkliche Prüfstein eines verliebten Paares.

Das Stimmungsbarometer sinkt, die Gefühle geraten durcheinander, die schlanke Taille von einst entwickelt sich zur Litfaßsäule.

Guter Rat ist teuer, was tun?

Reden miteinander! Und: planen!

Wie geht es weiter, wenn das Kind erst da ist und Vater und Mutter zum täglichen Leben braucht?

Schöne, lachende Mütter, fröhliche Babys und liebevolle Väter strahlen von Bildern, Plakaten und Bildschirmen. Das totale Glück! Da fragt sich manche normale junge Mutter: Was mache ich nur falsch? So rundrum wird bei uns nicht gestrahlt.

Mütter sind für das Familienglück zuständig, immer noch, obwohl so viel von der Demokratisierung in der Familie geredet wird. Aber meistens sind sie nicht nur zuständig in Sachen „Familie", sondern obendrein auch verantwortlich für alles, was da sonst noch anfällt. Rollenteilung wie eh und je, vor allem, wenn es um die Erziehung der Kinder geht.

Gewiß, viele junge Eltern wachsen in der neuen Situation mehr und besser zusammen. Bei der Mehrzahl aber driftet das gemeinsame Leben eher auseinander oder quält sich durch eine So-lala-Partnerschaft, in der das Mittelmaß die glücklichen Momente bei weitem überwiegt. Dagegen hilft nur eins: den neuen Lebensabschnitt vorher sorgfältig planen! Gewiß, Planen ist nicht jedermanns Sache. Aber wenn aus einem Paar Eltern werden, dann ist das doch etwas anderes. Denn die beiden haben für den neuen, den Dritten im Bund, eine gemeinsame Verantwortung. Erst einmal alles auf sich zukommen lassen. „Wir sind ja schließlich auch groß geworden", ist ein schlechtes Motto.

Das genügte früher vielleicht. Früher, als Kinder noch selbstverständlicher aufwuchsen. Als das Zusammenleben mit Familienmitgliedern, Nachbarn und Nachbarskindern intensiver war. Wo es viel mehr Freiheit für Kinder gab, auf Bürgersteigen, in Höfen und meist auch in den Wohnungen. Kinder lernten da viel mehr im Spiel und im Zusammensein mit anderen Kindern. Große achteten an der Schaukel auf die Kleinen, da bot nicht immer nur die Mutter die sichernde Hand, wenn ein Kind über das Mäuerchen balancieren wollte.

Im Nachahmen anderer Kinder lernten die Kinder leben. Das Nachbarskind, das an der Wohnungstür klingelt und fragt, ob es das Baby ausfahren darf, das gibt es nicht mehr. Heute sind die Mütter für alles zuständig, rund um die Uhr.

Kein anderer sozialer Organismus erfordert heute so viel gezielte Zusammenarbeit wie die Familie, wenn das Wohlbefinden aller Mitglieder sichergestellt sein soll. Und darum braucht Familienleben, damit es gut läuft und nicht zu Lasten eines einzelnen, nämlich der Mutter geht, unbedingt partnerschaftliche Planung und partnerschaftliches Miteinander. Auch damit entgegengesetzte Erziehungsvorstellungen nicht erst dann hochschwappen, wenn der Vater nachts unfreundlich fragt: „Bringst du es denn nicht fertig, das Baby zu beruhigen? Hast du es denn schon total verwöhnt?" Deshalb müssen sich Eltern über ihre Auffassungen in Sachen Erziehung frühzeitig klarwerden. Das heißt: immer wieder darüber reden, revidieren und wieder reden, um allmählich auf einen einigermaßen gleichen Nenner zu kommen. Nichts unterhöhlt Erziehung und Familienleben mehr, als wenn Eltern an verschiedenen Enden ziehen.

Partnerschaftliches Miteinander also nicht nur, um sich zu freuen, das Glück miteinander zu teilen, sondern um sich gegenseitig zu stützen, Halt zu geben, wenn es mal schwierig wird. Jeder braucht in einer Partnerschaft immer wieder die Hilfe des anderen, ganz besonders aber braucht sie eine Schwangere, deren Stimmungsbarometer durch die hormonelle Umstellung rasch auf und ab springt. Fast jede Frau ist in dieser Zeit labil, mimosenhaft empfindlich und schaut keineswegs immer nur freudig auf den dicker werdenden Bauch. Da gibt es viele verworrene Ängste, aber auch so ganz banale Fragen wie: „Mag er mich, so wie ich jetzt ausschaue, auch wirklich noch?"

Die seligen, innigen Momente, in denen man schon einen ganz intensiven Kontakt mit dem Kind hat, wo man fühlen kann, wie es sich dreht (Da ist plötzlich das Köpfchen zu spüren oder ist es doch der Po?), diese Zeiten sind eher selten, können sprunghaft in Niedergeschlagenheit und Ängste übergehen.

Auch die Frage, ist mein Baby auch wirklich gesund, stellt man sich immer wieder. Trotz Ultraschall-Nahaufnahme vom bestens entwickelten Embryo auf dem Nachttisch und trotz eines Okays vom Gynäkologen. Manchmal geht man der Umwelt ganz schön auf die Nerven mit dieser Fragerei. „Du siehst doch, daß alles in Ordnung ist“, hört man. Aber die Zweifel kommen doch immer wieder: Schaffe ich es denn überhaupt, eine gute Mutter zu sein?

Kann ich denn überhaupt ein Kind erziehen?

Kann ich mit ihm umgehen?

Manchmal laufen die Ängste im Kopf Amok! Wird das Geld reichen?

Die Badewanne fürs Baby fehlt doch auch noch!

Werden wir dann mit den anderen noch mithalten können?

Und wann traut sich eine Schwangere schon, ganz offen und ehrlich zu gestehen, daß sie Angst vor der Geburt hat? Ein bißchen von dem Glanz der Mutterschaft aus früheren Zeiten schwebt ja immer noch in und über unseren Köpfen.

Manche junge Frauen spüren, daß sie sich gegenseitig besser annehmen und verstehen können. Sie schließen sich zu Gruppen zusammen, weil sie erkannt haben, daß man sich in Gesprächen gegenseitig stärken kann und daß alles etwas leichter ist, wenn man sieht und hört, die anderen haben die gleichen Probleme, ich bin ja gar nicht allein damit. Aber es sind noch viel zu wenige, die den Mut aufbringen, sich anderen Frauen mitzuteilen. So quälen sich viele allein mit ihren Ängsten und den depressiven Stimmungen herum, weil sie fürchten, ihrer Umwelt und vor allem ihrem Partner auf die Nerven zu gehen.

Es ist sicher schrecklich schwer für einen Mann, sich in das Auf und Ab der Gefühle, der, wie er vielleicht meint, unsinnigen, irrationalen Ängste einer Schwangeren hineinzufühlen. Aber gerade Mitgefühl und Verständnis wäre das, was eine werdende Mutter braucht.

Besonders in den letzten Monaten, wenn der Körper immer unförmiger wird, wenn man sich durch die Tage mühen muß, weil alles eben doch verdammt schwerfällt, und sich wünscht: wenn's doch endlich vorüber wäre!

Aber auch wenn das Baby dann da ist, muß man versuchen, partnerschaftlich miteinander die neue Situation zu schaffen: Zusammenhelfen und Arbeitsteilung praktizieren! Jetzt ist ein Vater gefragt, der zu Hause nicht nur seine Ruhe und ein „liebes Kind“ haben will, sondern mithilft. Der abends auch mal babysittet, damit „sie“ auch mal rauskommt, so wie früher, ohne Kind, als sie noch beide berufstätig waren. Das lohnt sich auch für ihn! Garantiert hat er danach wieder eine fröhlichere Partnerin.

Im Zusammenleben ohne Kind, wenn beide Partner berufstätig sind, halten die Männer viel vom partnerschaftlichen Teilen der anfallenden Hausarbeiten. Nachher, mit Kind, aber engagieren sie sich nur noch ganz selten! Oft mit dem Argument, die Frau habe ja jetzt Mutterschaftsurlaub, und das sei doch wie Ferien! Paradiesisch! Ab und zu stillen und dann mit dem Kinderwagen spazierenfahren – na, so schön hätte er es auch mal gern!

Es ist aber nicht immer nur männlicher Unwille schuld am fehlenden Engagement. Schuld sind oft auch die Frauen. Viele klammern unbewußt den Partner aus der engen Mutter-Kind-Beziehung aus. Sie signalisieren dem jungen Vater, das kannst du nicht, du bist zu grob mit dem Kleinen, du bist zu ungeschickt, das kann eben nur eine Mutter! Manche Väter sind ohnehin von Eifersucht geplagt, wenn sie beim Stillen die Innigkeit zwischen Mutter und Kind spüren. Da können sie nicht mithalten. Viele ziehen sich dann zurück, warten, vertrösten sich auf die Zeit, wenn sie mit dem Kind „etwas anfangen“ können. Dabei wissen diese Väter gar nicht, was sie versäumen. Fast jeder junge Vater, der sich entschlossen hat, sich intensiv und zärtlich um sein Baby zu kümmern, kommt ins Schwärmen über das wunderbare, innige Gefühl und welche starke Bindung er zu seinem Kind spürt. Je früher sich die beiden richtig kennenlernen, um so besser, um so stärker sind die Gefühle füreinander. Da wird später nie der vorwurfsvolle Satz kommen: „Na, das ist ja dein Sohn!“, wenn mal etwas schiefläuft, oder die penetrant hochmütige Behauptung: „Na, das ist ja auch mein Kind!“, wenn es Anlaß zum Stolzsein gibt. Der Mythos, nur Mütter verstehen ihre Kinder, nur sie haben ein Gespür für Babys, ist längst widerlegt. Väter können das genausogut, oft sind Väter sogar die besseren Mütter. Denn sie bringen es oft eher fertig, ihre Kinder als eigenständige Persönlichkeiten zu akzeptieren und ihre speziellen Fähigkeiten anzuerkennen.

Selbst Wunschkinder schlüpfen nicht in Wunschbilder

Eltern wünschen sich Bilderbuchkinder, für die sie gern Bilderbucheltern wären.

Aber es gibt keine idealen Kinder und keine idealen Eltern.

So, wie sich das Kind in der Wirklichkeit seiner Eltern zurechtfinden muß, müssen die Eltern die Wirklichkeit ihres Kindes anerkennen.

Die große Frage im Leben eines Kindes heißt immer und immer wieder: „Liebt ihr mich?“ oder „Liebt ihr mich auch wirklich so, wie ich bin?“ Um diese Liebe dreht sich fast alles bei einem Kind. Sie zu behalten, dafür tut es sehr viel. Sie ist der treibende Motor in seinem Verhalten. Spürt es eine verläßliche Liebe, um die es nicht täglich wieder aufs neue ringen oder bangen muß, fühlt ein Kind sich wirklich so angenommen, wie es ist, dann kann es ganz sicher und geborgen in seine Welt hineinwachsen.

Das hört sich mehr als simpel an, schließlich lieben alle Eltern ihre Kinder. So leicht ist es aber gar nicht, sein Kind immer spüren zu lassen: „Ich lieb dich so, wie du bist!“ Da sollte ein Mädchen eigentlich ein Junge geworden sein; das lebhafte Kind wäre seinen Eltern ruhig und artig lieber; ein Baby ist nicht immer so fröhlich, wie die jungen Eltern das gerne hätten, es schreit die ganze Nacht; der Sohn ist einem Vater zu empfindsam und sensibel, wo er sich doch einen „richtigen Kerl“ als Stammhalter gewünscht hat ... Seiten könnte man mit den geheimen Wünschen, Erwartungen, aber auch mit den vielen Enttäuschungen von Eltern füllen.

Natürlich haben alle Eltern ein Wunschbild, eine Vorstellung von ihrem Kind. Wer träumt da als Mutter oder Vater nicht in die Zukunft? Das ist ganz normal. Man darf nur nicht vergessen, seine Vorstellungen immer wieder zu revidieren und der Wirklichkeit anzupassen.

Eine Mutter ist mit ihrem Töchterchen allein zu Hause ganz zufrieden, aber wehe, die beiden kommen in die Krabbelgruppe. Die Mutter ärgert sich bei jedem Treffen schrecklich darüber, daß ihre Kleine dort so schüchtern ist und nicht so lebendig wie die anderen Kinder. Sie geniert sich schon vor den übrigen Müttern. Von Mal zu Mal drängt sie ihr Töchterchen, mehr mitzumachen und nicht allein am Rand des Geschehens zuzuschauen. Ein Teufelskreis entsteht: Das Kind entspricht nicht der Erwartung seiner Mutter. Die Mutter läßt das ganz unbewußt ihr Kind spüren, sie wird barsch und ungeduldig. Ergebnis, das Kind quengelt, ist unglücklich, weil es seiner geliebten Mutter nicht gefällt: „So wie ich bin, mag sie mich nicht!“ Das Kind verliert das kleine Pflänzchen Selbstvertrauen, es wird unsicher.

Zuerst sind Kinder ziemlich hilflose kleine Wesen, von den Eltern total abhängig, aber schon von der Geburt an dazu fähig, Signale zu geben. Je mehr man versucht, die Signale zu verstehen, aufzunehmen, um so friedlicher kann das Zusammenleben werden. Alle Babys schreien, aber sie schreien mal so, mal so und mal ganz anders, und junge Mütter haben schnell heraus, was ihr Kleines jetzt gerade braucht, warum es schreit. Hat es Hunger, zwickt etwas, ist die Windel naß, langweilt es sich nur und will spielen oder muß es jetzt ganz schnell die Mutter sehen, um zu spüren, daß sie nicht vom Erdboden verschwunden ist?

Schon bald entsteht eine Wechselbeziehung zwischen beiden. Einerseits signalisiert das Kind seiner Mutter, was los ist, andererseits gibt die Mutter ihrem Kind Signale: Ich bin ja da, ich komme bald.

Aber nicht nur die Babys mit ihrem Geraunze und Schreien geben Signale; Kinder geben sie uns immer und in jedem Alter, nur leider gehen sie im Gehetze unserer Tagesarbeit zu oft unter.

Die genervte Mutter hat vielleicht gerade keine Ruhe, um sich zu fragen: Was will es mir jetzt mitteilen, indem es mich so auf die Palme treibt? Der Vater will abends seine Ruhe haben. Er ist zu abgespannt, um das Signal seines Kindes: „Hab doch etwas Zeit für mich“, mitzubekommen. Kann man denn immer auf Empfang sein? Immer auf Empfang, das ist nicht nötig! Jedes Kind hat ein feines Gespür dafür, wann es angenommen und verstanden wird. Es fühlt sich dann sicher in einer verläßlichen, stabilen Bindung und weiß dann auch: Wenn gerade mal niemand Zeit hat, mein Signal zu hören, muß ich eben warten. Das kann ein Kind verkraften, dadurch kommen die kindlichen Gefühle nicht ins Wanken. Es muß nicht sofort rebellieren, quengeln, Terror machen. Kinder mit einer stabilen Bindung zu ihren Eltern haben eher den Mumm, Widrigkeiten wegzustecken, eben weil sie selbstsicherer sind, sich mehr zutrauen und die Gewißheit haben: Die halten was von mir! Aber man kann nicht alles richtig machen. Es gibt keine idealen Eltern, keine idealen Kinder. Aber es gibt liebevolle Eltern. Wenn die versuchen, sich in ihr Kind hineinzufühlen, hinzuhören, was es ihnen mitteilen will, dann läuft das Zusammenleben erfreulicher, besser. Da dürfen Eltern dann auch mal gestreßt sein und Fehler machen, das Kind weiß: Wenn es brenzlig wird, dann halten meine Eltern zu mir und sind voll und ganz für mich da.

Aller Anfang ist schwer, aber entscheidend für Babys Gedeihen

Liebe und Geborgenheit, eine nie abreißende Kette von Entdeckerfreuden und viele, viele Erfolgserlebnisse geben einem Kind die Chance, sich im wahrsten Sinne des Wortes „auf die eigenen Füße zu stellen“.

Liebe und Geborgenheit

Eltern sind die ersten Menschen, mit denen ein kleines Kind zu tun hat. Sie sollten es in Liebe, Geborgenheit und Sicherheit einhüllen. Dabei ist es ganz egal, ob diese Hülle mit rechten, mit linken Maschen oder kraus gestrickt ist. Hauptsache, die Hülle wärmt, ist kuschelig und groß genug. Das Muster ist einerlei.

Wie man sein Kind in Liebe einhüllt und es Sicherheit spüren läßt, dafür gibt es keine Patentrezepte. Jede Mutter, jeder Vater, jede andere Bezugsperson muß „die" Beziehung herausfinden, die für sie beide paßt, die auf sie beide zugeschnitten ist. Das Prädikat „richtig" oder „falsch" gibt es da nicht. Es zählt nur liebevolles Verständnis für ein Kind. Und daß es so angenommen wird, wie es ist.

Sein Kind verstehen und annehmen, wie es ist, akzeptieren, daß nicht alle Kinder gleich sind und auch nicht so, wie man sie sich vielleicht wünscht, das ist die wichtigste Lektion für Eltern. Und vielleicht auch die schwerste.

Nebeneinander in den Säuglingsbettchen sehen sich fast alle Babys ähnlich und reagieren auch scheinbar gleich. So kommt es wenigstens dem Außenstehenden vor. Aber schon vom Anfang, vom ersten Tag an unterscheiden sich die Kleinen voneinander. Keines ist wie das andere, und keines reagiert genauso wie das andere. Alle sind kleine Persönlichkeiten, die sich auch beileibe nicht an genormte Zeiteinteilungen in ihrer Entwicklung halten. Sie richten sich mit ihrem ersten gezielten Griff nach einem Gegenstand oder mit ihrer ersten sensationellen Drehung vom Rücken auf die Seite oder vom Bauch auf den Rücken auch nicht nach Entwicklungstabellen. Sie tun das, wenn sie sich „reif" dazu fühlen.

Eltern äugen natürlich gerne in die anderen Kinderwagen oder Bettchen, um zu sehen, wie weit denn die Konkurrenz schon ist. Und wehe, wenn das eigene nicht die besseren „Leistungen" zeigt, dann fragt man sich schnell: Ist mein Kind etwa zurück, müßte es das nicht auch schon können?

Nur ja keine Panik! Es gibt kein allgemeines Klassenziel, das zu einem bestimm ten Zeitpunkt erreicht werden muß. Wenn der Kinderarzt bei den Vorsorgeuntersuchungen sein „Alles in Ordnung" gegeben hat, dann sollten Eltern jedes Konkurrenzdenken vergessen. Das kleine Kind soll ja nicht das Gefühl kriegen, daß seine Eltern nicht mit ihm zufrieden sind. Das Pensum, das Kinder vor allem in ihrem ersten Jahr absolvieren, ist so riesig, daß man über diese Leistung immer nur staunen kann. In Riesenschritten lernen sie, sich ihrer Umwelt anzupassen. Sie lernen es auf ihre ganz persönliche Art und Weise, jedes ein bißchen anders.

Es gibt da zum Beispiel das ausgesprochen „pflegeleichte" Baby, das sich schnell beruhigen läßt, wenn es mal weint, das schon einige Zeit still und aufmerksam herumschaut, ein Mobile beobachtet oder seinen Händchen zuschaut, wie sie sich bewegen. Auf der anderen Seite gibt es Babys, die sehr viel schreien – manche während ihrer ganzen Wachphasen. Sie sind nur auf dem Arm zu beruhigen, wollen immer Kontakt, müssen oft Tag und Nacht den Körper ihrer Mutter spüren. Jemanden nur zu sehen, anzuschauen oder ihm zuzuschauen, das genügt ihnen nicht.

Es bringt viele Mütter bis an den Rand ihrer Nervenkraft, wenn sie den kleinen Schreihals wieder und wieder an der Schulter schaukelnd beruhigen müssen. Jedesmal liebevoll tröstende Ruhe auszustrahlen, das schafft man gar nicht. Mütter von Schreibabys müssen aber durchaus keine quälenden Schuldgefühle bekommen, wenn Groll in ihnen hochsteigt. „Ich liebe mein Kind wirklich sehr, aber manchmal war ich mit den Nerven runter, ich hätte es an die Wand schmeißen mögen", gesteht manche Mutter.

Die Frage, warum einige Babys soviel weinen, ist bis heute ungeklärt. Mit Bauchschmerzen, sogenannten Koliken, ist es offenbar nicht zu erklären. In manchen Fällen ist eine gewisse Neigung zu Sodbrennen die Ursache. Dagegen hilft, das Baby nach der Mahlzeit noch eine Weile senkrecht auf dem Arm zu halten. Aber den meisten Eltern von Schreibabys bleibt nur der Trost, daß der ganze Spuk irgendwann vorbei ist. Meist gegen Ende des ersten Lebensjahres. Sicher, dieser Trost ist schwach. Zumal wenn man als Mutter von den Mitbewohnern im Lift gerade wieder einmal dumm angeredet wurde: „Na, Ihr Baby hat ja heute nacht wieder heftig geschrien! Was hat es denn? Meine Kinder haben schon mit sechs Wochen durchgeschlafen!“ Da kann man sich gegen das Gefühl, ein Versager zu sein, nicht immer wehren. Und leicht ist es wirklich nicht, fest daran zu glauben, daß das wirklich aufhört, und vor allem, daß man daraus keine Schlüsse für das spätere Verhalten des Kindes ziehen darf. Tatsache ist aber: Nach dem ersten Lebensjahr sind die meisten Schreibabys wie alle anderen Kinder auch.

Babys „wissen“ noch nicht, sie haben noch nicht gespeichert, daß da immer jemand ist, der sich liebevoll um sie kümmert. Erst ganz langsam und allmählich lernen sie das. Dazu gehört, daß sie immer wieder ausprobieren, ob da auf ihr Weinen oder Wimmern hin – „Ist da jemand? Bin ich ganz allein auf der Welt?“ – auch ganz bestimmt jemand in ihr Blickfeld kommt. Sich verlassen und allein zu fühlen, ist das Schlimmste für ein kleines Wesen, das sich erst in seine Umwelt eingewöhnen muß. Daß es da eine Küche, ein Wohnzimmer, ein Schlafzimmer gibt, wohin die Erwachsenen verschwinden, das kann es sich noch nicht vorstellen. Mehr noch: Erst gegen Ende des ersten Lebensjahres begreift ein Kind, daß die Mama überhaupt weiterexistiert, wenn sie nicht mehr bei ihm ist, daß sie nicht buchstäblich vom Erdboden verschluckt wurde.

Nun braucht die Mutter, oder wer immer sonst das Kind betreut, deshalb nicht ständig auf dem Sprung zu stehen, um beim ersten Piepston in Richtung Kinderbett zu starten. Denn zum Glück können Babys schon bald die Stimme der Mutter erkennen und auch darauf reagieren. Wenn man einem Baby in liebevollem, beruhigendem Ton zuredet: „Ich bin da, ich komme gleich“, kann man es meist für kurze Zeit beruhigen. Manchmal antwortet ein Kleines dann sogar seiner Mutter mit Gebrabbel, und ein Zwiegespräch entspinnt sich. Klar natürlich, daß die Gelduldsspanne der Kinder noch kurz ist und daß ein unwirsch gereizter Ton – „Was ist denn jetzt schon wieder!“ – auf ein Baby nicht gerade beruhigend wirkt.

Heißt das, daß man auf jeden Piepser der Babys sofort rennen soll? Rennen nicht, aber antworten. Und dann – ohne daß das Baby reklamieren müßte – nach einer Weile hingehen. Das Baby soll merken: Ich werde verstanden. Und auch leise Töne genügen, um die Mama zu holen, wenn ich etwas brauche.

Nach und nach kann man dann versuchen, die Zeit, bis man zum Baby geht, zu verlängern. Antworten aber sollte man immer sofort. In vielen Untersuchungen hat man nachweisen können, daß Babys, auf deren Schreien im ersten halben Lebensjahr prompt reagiert wurde, die man stets sofort spüren ließ, da ist jemand, du bist nicht allein, wir helfen dir beim Eingewöhnen in diese unwirtliche Welt, daß diese Kleinen besonders viel Vertrauen und Sicherheit bekommen haben, daß sie zufriedener sind, sich einfach wohler in ihrer Haut fühlen. Babys dagegen, die man im ersten halben Jahr länger weinen läßt, haben die Information gespeichert: „Hier muß man lange und lautstark schreien, bis mal jemand kommt und man sich nicht mehr total verlassen fühlt!“ Lautes, starkes Schreien, so lernen sie, ist notwendig, um durchs Leben zu kommen. Kindern diese Haltung wieder abzugewöhnen, das ist sehr mühsam. Und deshalb rentiert sich die Investition an viel liebevoller, zärtlicher Zuwendung in den ersten Monaten, weil es damit gelingt, seinem Kind ein zufriedeneres, spannungsärmeres Heranwachsen zu ermöglichen.

Entdeckerfreuden

Je sicherer ein Kind weiß, die Eltern lassen mich nicht im Stich, um so schneller fühlt es sich geborgen und wohl in seiner Umwelt und kann sich „interessanteren" Dingen zuwenden. Es kann anfangen, seine Umwelt zu erforschen, zu entdecken, zu begreifen. Das ist nämlich das Wichtigste, was es für ein Kind in den ersten eineinhalb Jahren zu tun gibt. Und vor allem muß es ja alle seine neuen Fähigkeiten üben, immer wieder üben. Leider wird das von Eltern oft nicht richtig verstanden. Da hat die Oma einen Kreisel mitgebracht, zeigt ihrer einjährigen Enkelin, wie man da fest auf den großen Knopf drücken muß, um ihn zum Rotieren zu bringen. Die Kleine schaut erstaunt zu, will den Kreisel anhalten und beobachten, wie die Oma ihn aufs neue surren läßt. Dann wendet sie sich ab und kriecht immer wieder unter einem Stuhl hindurch, einmal gerade, einmal links, einmals rechts. Es macht ihr riesigen Spaß, viel mehr, als dem Kreisel zuzuschauen. Die Oma ist enttäuscht, und die Mutter holt ihr Kind unwirsch unter dem Stuhl hervor: „Nun laß doch endlich den Stuhl stehen!"

Dabei war die Kleine vollauf damit beschäftigt und ganz angetan von ihrer großen Leistung, zum erstenmal durch den „riesigen" Stuhl-Tunnel zu kriechen. Warum durfte sie nicht weitermachen? Wenn Kinder etwas Neues ausprobieren, wollen sie immer wieder das gleiche tun, das gleiche üben, bis es völlig begriffen, völlig beherrscht ist. Es ist erstaunlich, wieviel Ausdauer ein Krabbelkind aufbringt, das auf dem Boden herumrobbt, die neue Beweglichkeit übend. Oder das Einjährige, das wieder und wieder an der Hand eines Erwachsenen den Flur hin- und herlaufen will, selig über seine ersten Schritte, seine neue Leistung. Und erst die Freude, wenn es schon fast freihändig Treppensteigen kann! Es steht da oben wie ein Olympiasieger und hofft auf Applaus – aber die Erwachsenen wollen weitergehen, sie haben es immer eilig. Es mangelt ihnen wirklich oft an Verständnis für den „Leistungssport" der Kleinen, bei denen gilt: Was ich noch nicht kann, muß ich dauernd üben, und was ich kann, muß ich dauernd tun, weil ich es endlich kann und das ein riesiges Erfolgserlebnis ist.

Ein kleines Baby muß sich erst allmählich an die rauhe Wirklichkeit gewöhnen. Der Verdauungstrakt muß sich anpassen. Nach und nach muß ein Tag-Nacht-Rhythmus entwickelt werden. Das ist nicht immer leicht, aber im Laufe des ersten Jahres werden die Schlafphasen kürzer und die Aufmerksamkeitsspannen länger. Augen, Ohren und Hände versuchen nun alles zu erfassen.

Wenn man die kurzen Wachphasen beachtet und ausnutzt, sieht man, wie das Baby jeden Tag besser nach Gegenständen greifen lernt, wie es die eigenen Händchen beobachtet, die sich immer gezielter bewegen und bald einen Gegenstand greifen und festhalten können. Ein großes Pensum, das ein Baby da in seinen ersten Monaten bewältigen muß. Hoffentlich wird es mit Freude und liebevollem Lob begleitet! Im Laufe des zweiten Lebenshalbjahres werden die Kleinen dann zunehmend aktiver. Alles, was erreichbar ist, muß betastet, in den Mund genommen und angeknabbert werden, alles eben ganz und gar „begriffen" werden. Dann ist der Fall erledigt, das Interesse an dem Gegenstand erlischt.

Das gehört zum Übungsprogramm, über das wir Erwachsenen nicht immer erfreut sind, das oft nicht in unseren Tagesablauf paßt. Wenn ein Kind krabbeln und laufen kann, fragen sich Eltern oft, warum muß es denn ständig an alles drangehen? Warum kann es denn nicht mit seinen Spielsachen spielen? Warum kann es sich denn nicht eine Weile allein beschäftigen?

Die Neugierde der Kinder auf ihre Umwelt wird oft als Unstetigkeit ausgelegt. Das beunruhigt die Eltern: Haben wir vielleicht etwas falsch gemacht, daß es bei keiner Sache bleiben kann? Ein kleines Kind kann noch nicht richtig spielen. Es will zunächst nur soviel wie möglich kennenlernen, ist neugierig auf alles. Alle erreichbaren Dinge werden befühlt, geschüttelt, beklopft, vielleicht aneinandergereiht, ineinandergesteckt. Für jedes Kind ist es immer wieder ein kleines Wunder, die Küchenschränke aufzumachen und darin einen riesigen Raum zu entdecken, den man ausräumen und wieder mit vielen Dingen füllen kann. Es entdeckt Höhlen unter Stühlen und Tischen und kommt sich wie ein Zauberer vor, wenn es durch den Druck auf einen Knopf die Stehlampe zum Leuchten bringt. Das sind alles Wunder. Wunder, die es selbst bewirkt hat und die es ständig wiederholen muß, um zu sehen, ob es auch diesmal wieder funktioniert.

Diese Übungs- und Erkundungsabenteuer sind für die Eltern nicht leicht zu ertragen. Es ist eine harte Zeit, das Kind immer wieder vom Fernseher wegzubekommen, und viele Mütter reagieren dann völlig entnervt: Kann ich denn nicht verlangen, daß es sich endlich einmal ruhig beschäftigt? Aber das dauert noch eine Weile und ist oft für Eltern eine harte Probe ihrer guten Absicht, das Kind zu nehmen, wie es nun einmal ist.

Viele, viele Erfolgserlebnisse

Ihre Umwelt zu entdecken und zu erforschen, macht den kleinen Kindern nicht nur Spaß, es bringt ihnen außerdem ganz viele Erfolgserlebnisse. „Ich kann das!", dieses Gefühl ist für sie positiv. Es gibt ihnen Sicherheit und Selbstvertrauen. Aber wie oft endet ein großes, wichtiges Forschungsprojekt der Kleinen mit einem Klaps auf die Finger oder den Windelpo! Denn fast jeder Mutter reißt bei dem großen Expansionstrieb ihres Kindes immer mal wieder der Geduldsfaden.

Von ihr wird in dieser Zeit ein schwieriger Balanceakt verlangt, dem zwischen Gewährenlassen und Verbieten. Einerseits muß eine Mutter ja mit ihrer Tagesarbeit über die Runden kommen, muß ihr Kind dauernd vor Gefahren schützen, aber andererseits muß sie ihm so viel Freiheit geben, daß es genügend eigene Erfahrungen sammeln kann.

Eine Mutter kann nicht immer auf der Hut, nicht immer topfit sein. Schon gar nicht kann sie „alles" richtig machen. Diesen Anspruch sollte sie auch gar nicht an sich stellen. Das würde sie so unter Streß setzen, so verkrampft machen, daß sie nicht mehr locker mit ihrem Kind umgehen könnte. Es kommt vielmehr auf die Grundeinstellung an: Gebe ich meinem Kind genug Freiheit, so viel wie möglich zu entdecken und zu erforschen? Stärke ich sein Selbstvertrauen? So entsteht eine Basis, auf der das Kind dann eher bereit ist, Wünsche, Bitten und Verbote zu akzeptieren. Das geht natürlich nicht immer ganz leicht bei den Kleinen, aber sie spüren im Grunde schon ganz genau, wie das läuft und für alle angenehm ist. Liebe, Geborgenheit und Sicherheit machen die Kinder frei, um sich intensiv ihrer Umwelt zuzuwenden und langsam ihre Fähigkeiten zu erproben. Üben, Üben ist ihre Devise! Gegen Ende des ersten Lebensjahres können die Kinder nicht genug davon bekommen, sich immer wieder hochzurappeln, wenn sie auf dem Windelpo gelandet sind. Po nach oben gestreckt, Hände stützen sich noch am Boden ab, und dann Hände vom Boden lösen und Kopf hoch! Beim ersten Mal klappt es leider noch nicht sehr lange, endlich freihändig zu stehen, aber mit jedem Versuch kommt das Kleine seinem Ziel schon ein wenig näher – und strahlt! Wenn man es jetzt bestärkt und seine Leistung ganz toll findet, macht es das stolz und spornt es zu neuen Versuchen an.

Dabei ist es wichtig, auch die kleinen Schritte zum Ziel schon anzuerkennen, das Bemühen, etwas zu schaffen, und nicht erst den Erfolg. Wenn ich beim Versuch radzufahren nach einigen Pedalumdrehungen gelobt werde, macht mir der Sturz, weil ich noch nicht richtig bremsen kann und umkippe, überhaupt nichts aus. Ich habe ja die erste Etappe geschafft. Dann klappt es auch mit der nächsten. Anerkennung und das Gefühl, die trauen mir das zu, läßt Kinder Berge versetzen – wenn auch zunächst nur kleine.

Kinder werden nicht müde zu üben. Mit einer bewundernswerten Ausdauer können sie versuchen, Anhänger aneinanderzukoppeln und rückwärts einzurangieren, bis es endlich millimetergenau gelingt. Manchmal gönnen sie sich noch nicht einmal die Ruhepause während der Mahlzeit und rangieren um den Eßteller herum, aber das ist ein anderes Kapitel, da heißt es dann Kompromisse schließen für die Eltern . . .

Es ist natürlich nicht leicht, sich als Mutter zurückzuhalten und nur in Habachtstellung auf dem Sprung zu sein, wenn man sein Kind, Kopf voraus, eine Treppe herunterkrabbeln sieht. Aber es ist besser, sichernd abzuwarten, wie das Experiment läuft, als sofort den Versuch zu vereiteln und mit großem Getöse zu behaupten: „Um Gottes willen, das kannst du nicht!“ Man muß seinem Kind auch etwas zutrauen! Daß es auf einem Mäuerchen balancieren kann, daß es auf dem Spielplatz selbst die Leiter hinaufklettern kann, daß es schon alleine aus der Tasse trinken kann oder daß es beim Geburtstag der Tante schon mit einem richtigen, guten Glas anstoßen darf. Dann fühlt es sich! Besser auf alle Fälle, als wenn alle schreien: „O Gott, das gute Glas!“ Gerade dann würde es das Glas doch noch fallen lassen, vielleicht aus Schreck oder sogar aus Trotz: Wenn die glauben, ich sei ein Baby, das nicht mal ein Glas halten kann, dann sollen sie doch ihren Willen haben!

Schlaf, Kindchen, schlaf, am Himmel stehn die Schaf'

Schlafprobleme im Erwachsenenleben sind keine Seltenheit. Trotzdem unterstellen die allermeisten Eltern ihren Kindern, sie müßten bereits als Meisterschläfer auf die Welt gekommen sein! Daß dies eine unhaltbare Illusion ist, entdecken sie spätestens dann, wenn ihr Baby oder Kleinkind ihnen lautstark mitteilt, daß es weder einschlafen noch durchschlafen kann.

Schade, daß kleine Kinder nachts keine Schäfchen zählen können. Sie hätten es dringend nötig, denn die meisten kleinen Kinder haben nachts erhebliche Schlafprobleme. Das bestätigen alle Untersuchungen, alle Umfragen – nur die anderen Mütter bestätigen es selten oder nie. Offenbar ist die Meinung, wenn ein Kind nicht schläft, dann liegt es an der Mutter, sehr verbreitet.

In den ersten sechs Monaten sind es 40 Prozent der Kinder, die entweder schlecht einschlafen oder mehrmals in der Nacht weinend aufwachen. Bis zu zwanzigmal in der Nacht! Der Höhepunkt der Schlafstörungen liegt aber, wie eine Untersuchung der Zeitschrift ELTERN ergab, um den achten und neunten Monat herum. Aber auch nach dem ersten Geburtstag sind die Schlafschwierigkeiten der Kinder noch immer sehr groß. Viele Eltern sind dadurch verunsichert und fragen sich immer wieder: Was haben wir nur falsch gemacht? Warum schlafen die Kinder eigentlich in den ersten zwei Jahren so schlecht? Es sind die Übergänge zwischen den einzelnen Schlafphasen in der Nacht, die ihnen so große Probleme machen. Bei diesem ganz normalen ein- bis zweistündlichen Wechsel von Tiefschlaf und leichterem Schlaf wachen die Kinder immer wieder auf und schaffen es dann nicht, allein, ohne Hilfe, wieder einzuschlafen. Von uns Erwachsenen hat jeder seine eigene spezielle Methode, um in diesem Auf und Ab die dunklen Gedanken zu verdrängen und immer wieder einzuschlafen. Aber die kleinen Kinder können so etwas noch nicht. Sie sind ihrer Angst vor der Dunkelheit und dem Alleinsein hilflos ausgeliefert.

Das ist aber noch nicht alles, was die Nacht für sie (und ihre Eltern!) so schwermacht: Die Kinder haben spätestens nach dem sechsten Monat mehr oder weniger heftige Träume! Vieles von dem, was tagsüber auf sie einströmt, muß von ihnen nachts in den Träumen verarbeitet werden. Da ist natürlich nicht nur Angenehmes. Sehr viele Träume sind beängstigend. Es ist ja auch nicht wenig, was heute in unserer reizüberfluteten Umwelt auf so ein kleines Kind einwirkt.

Solange Eltern aber nicht wissen, was da nachts eigentlich läuft, wie die Schlafsituation bei Kindern ist, fragen sie sich immer wieder ängstlich: Hat das Kind Schmerzen, hat es Hunger, Durst – oder will es uns etwa tyrannisieren? Diese Fragen verunsichern sie jede Nacht wieder aufs neue. Und aus dieser Unsicherheit heraus fangen die meisten an, herumzuexperimentieren, probieren immer wieder andere, neue Methoden aus, um ihr Kind zu beruhigen. Oft schreien dann Eltern vor Müdigkeit und Hilflosigkeit ihr Kind an, oder es rutscht sogar mal eine Hand aus. Auch die Frage, ob es nicht doch das Beste wäre, das Kind einfach schreien zu lassen, stellt sich dann vielen übermüdeten Eltern.

Aber wer das versucht, tut sich und seinem Kind keinen Gefallen. Ein Kind allein mitten in der Nacht in seinem Zimmer längere Zeit schreien zu lassen, ist eine schlimme Quälerei – für das Kind und für seine Eltern. Und es hat eindeutig negative Auswirkungen auf die Entwicklung des Kindes: Die Bildung eines stabilen Verhältnisses, einer innigen Beziehung zwischen dem Kind und seinen Eltern wird erheblich erschwert. Aber gerade das brauchen Kinder ja in den ersten Jahren so dringend zu einer gesunden Entwicklung: Vertrauen und Sicherheit.

Was also tun, wenn die Kinder nachts weinen, weil sie nicht gleich wieder einschlafen können? Das beste ist zweifellos: Sanft und ganz sacht wiegen oder ihr Bettchen schaukeln – so wie es unsere Großmütter auch schon getan haben.

„In früheren Zeiten" gab es Babywiegen, in denen die Kleinen auch wirklich gewiegt wurden. Es gab das Wiegenband, mit dem man auch vom Elternbett aus die Wiege in Bewegung bringen konnte. Und es gab zum abendlichen Einschlafen einen riesigen Schatz an Schlaf- und Schlummerliedern. Sogar in heutigen Schlagern hört man noch von den liebevollen Kinderfrauen, die die Kleinen in den Schlaf wiegten und sangen.

Ob das mit dem Schlaf der kleinen und größeren Kinder damals leichter war als heute, wer weiß das genau? Aber sicher ist, es gab mehr Eltern, die die Wiege oder das Bettchen des jeweils Kleinsten neben ihrem Ehebett stehen hatten. Es gab in den meisten Familien viele Geschwister, bei denen ein Kind in der beängstigenden Nacht körperliche Wärme und Schutz finden konnte.

Der Schlaf, die unheimliche Nacht, die beängstigenden Träume, das alles hat kleinen und größeren Kindern schon immer mehr oder weniger zu schaffen gemacht – aber früher hat sich die Last des Tröstens einfach auch auf mehr Familienmitglieder verteilt. Heute hilft in vielen Fällen nicht einmal der Vater mit bei der nächtlichen Trostspende – schade!

Wäre es da nicht das Beste, die Kinder einfach mit zu sich ins Bett zu nehmen? Körperliche Nähe gibt optimale Sicherheit, löst sofort jede Angst, heißt es. Es gibt viele Eltern, denen es nichts ausmacht, ihr Kind, wenn es nachts ängstlich ist, mit im Bett zu haben. Sie geben ihrem Kind gerne diese emotionale Geborgenheit und haben zu Recht auch keine Angst davor, der innige Kontakt könnte dem Kind schaden oder sie würden ihr Kind später nie wieder aus dem Elternbett heraus bekommen. Das ist nämlich gar nicht so schwer: Nach dem vierten Geburtstag ist eine gute Zeit, dem Kind das eigene Bett schmackhaft zu machen.

Aber das alles ist eine Typsache: Die einen Eltern sind glücklich mit ihrem Kind im Bett, die anderen können es partout nicht haben, wenn sich da ein Kleines zwischen sie drängt und nachts unruhig hin und her wuselt. Es gibt aber auch sehr viele Kinder, die von sich aus gar nicht in das Elternbett wollen. Da gibt es kein „man soll", „man müßte", das ist eben individuell verschieden. Aber fest steht, so lästig es für Eltern, die ihren Schlaf ja auch dringend nötig haben, auch sein mag: Wenn Kinder nachts Ängste haben, und sei es nur die Angst vor der Dunkelheit, dann brauchen sie Trost. Ob das nun die ganz Kleinen sind, die noch sehr kurze Schlafphasen haben und noch gar nicht durchschlafen können, oder ob es die etwas größeren Kinder sind, die aus einem schlimmen Traum weinend aufschrecken und sich aus Angst vor ihren Traumgestalten gegen das Wiedereinschlafen wehren und lieber spielen als schlafen wollen. Oder ob da dreijährige Knilche mit dem Kopfkissen unter dem Arm vor dem Elternbett stehen, weil so viele Ungetüme im Kinderzimmer herumlungern: Nächtliche Ängste gibt es bei allen Kindern, auch wenn sie unterschiedlich stark sind.

Viele Eltern rätseln, warum ihr Kind nachts weint, und beteuern: Wir haben es doch nie alleingelassen! Es hat nie schlechte Erfahrungen gemacht. Wieso weint es dann so ängstlich? Aber das nächtliche Weinen muß nichts mit erlebter Verlassenheit zu tun haben. Angst braucht keine negativen Erfahrungen, sie ist in allen Kindern angelegt.

Trotzdem muß jedes Kind es irgendwann lernen, alleine abends einzuschlafen und auch nachts den Mut zu finden, sich wieder in den Schlaf fallen zu lassen. Das kann es nur lernen, wenn man ihm auch Gelegenheit dazu gibt.

So stehen sich also zwei widersprüchliche Forderungen gegenüber: Einerseits braucht ein Kind abends und nachts Einschlafhilfe, Trost, Geborgenheit, andererseits soll es lernen, alleine einzuschlafen. Ist es überhaupt möglich, beide Forderungen zu erfüllen? Ja, es gibt einen vernünftigen Kompromiß:

Schon das kleine Kind sollte man abends nicht schlafend in sein Bettchen legen. Also nicht warten, bis es an der Brust oder Flasche oder auf dem Arm eingeschlafen ist, sondern das Kind schläfrig, aber wach in das Bett bringen. Und dann am Bett warten, bis es eingeschlafen ist. Auch wenn das vielleicht eine halbe Stunde oder eine Stunde dauert. Kinder, die bereits schlafend ins Bett gelegt werden, neigen dazu, schon beim ersten und zweiten Wechsel der Schlafphase aufzuwachen und heftig zu protestieren, weil sie merken, daß sie nicht mehr auf dem Arm oder an der Brust sind. Kinder dagegen, die es schaffen, abends in ihrem eigenen Bett bewußt einzuschlafen, haben auch größere Chancen, nachts selber immer wieder den Dreh zum Weiterschlafen zu kriegen.

Wie unterschiedlich aber der Schlaf von Kindern ist, das wissen alle Eltern mit mehreren Kindern. Jedes hat seine anderen Angewohnheiten, braucht ein anderes Gute-Nacht-Ritual. So kommt es, daß gerade beim Thema Schlaf oft auch die bestbewährtesten Tips und Ratschläge versagen. Und vielen Eltern bleibt nur der mühsame, nervenaufreibende Weg, einigermaßen geduldig abzuwarten, bis auch ihr Kind es gelernt hat, nachts durchzuschlafen.

Bis dahin sollten sie alles vermeiden, was für ihre halbwachen Kinder irgendwie interessant oder gar aufregend sein könnte. Das heißt: kein helles Licht, keine lauten Worte, nicht schimpfen. Denn das alles macht die Kinder nur neugierig und obendrein hellwach.

Neue Väter braucht das Land

Wer sein Kind versteht, wer aufmerksam die einzelnen Schritte seiner Entwicklung verfolgt, erliegt nicht so rasch der Versuchung, jede kindliche Reaktion gleich für eine Unart zu halten.

Väter, die ihre Kinder nur nach dem Zubettgehen oder am Wochenende erleben, tun sich oft schwer, ihre Kinder zu verstehen und zu akzeptieren. Ihnen fehlt das alltägliche, behutsame Hineinwachsen in die Welt des Kindes und seiner Mutter.

Zuerst gab es nur wenige Väter, die mutig genug waren, ihren Säugling im Tragetuch oder im Kinderwagen spazierenzuführen. Allmählich wurden es immer mehr. Man hat sich langsam an das Bild gewöhnt. Längst rufen sie nicht mehr, wie am Anfang, blankes Entsetzen hervor. Selbst die Älteren bringen ihnen inzwischen liebevolle Bewunderung entgegen: Vielleicht ist ja doch was dran an der neuen Haltung der Väter? Und oft denken ältere Eltern insgeheim: Hätte es das doch schon bei uns gegeben! Hätten wir uns nur getraut! Vielleicht wäre dann mit unseren Kindern manches leichter gelaufen. Vielleicht wäre es gelungen, die Betreuung besser zu teilen. Vielleicht wäre die Beziehung zu den Kindern jetzt verständnis- und liebevoller.

Aber ganz so rosig, wie es aussieht, ist das Bild doch nicht. Noch immer überläßt der Großteil der Männer den Frauen die ganze Arbeit mit den Kindern. Nach wie vor klagen die Mütter darüber, daß sie, und nur sie es sind, die nachts aufstehen müssen, wenn das Baby weint. Und wenn bei der Erziehung irgendwas schiefgeht, dann sind es auch immer die Mütter, die die Vorwürfe bekommen: Du schaffst es eben nicht, dich durchzusetzen!

Dabei beginnt heute alles sehr vielversprechend: Die meisten werdenden Väter gehen mit zur Geburtsvorbereitung, und auch bei der Geburt selbst können sich die Väter gar nicht besser verhalten. Um die 80 Prozent begleiten ihre Frauen in die Klinik, sind dabei, wenn das Baby kommt, halten Händchen und geben Zuspruch. Und wenn das Baby da ist, baden sie es, halten es liebevoll im Arm und bewundern es stolz.

Das ist fabelhaft, denn so sind die Zeiten vorbei, in denen die Väter ausgesperrt waren und nur durch die Glasscheibe einen Blick auf ihr Baby werfen durften. Sie können jetzt sofort nach der Geburt eine zärtliche, liebevolle Bindung zu ihrem Kind anbahnen, denn man weiß heute, daß ein Baby durchaus Bindungen zu beiden Elternteilen verkraftet. Die Forschung belegt außerdem, daß nicht, wie früher meist behauptet, die Mutter die einzige Bezugsperson zu sein hat und nur die Beziehung zu ihr wichtig und prägend für ein Kind ist.

Leider vergeht dieses positive Anfangsinteresse der Väter relativ schnell. Gegen Ende des ersten Lebensjahres der Kinder haben sich rund 70 Prozent der Männer weitgehend von der Babypflege zurückgezogen. Woran liegt das? Wahrscheinlich an der harten Realität: Babys sind nicht immer nur lieb und still. Sie schreien viel, vor allem nachts. Und da verfallen die meisten Männer wieder in das alte Klischee: Ich muß ausgeschlafen sein. Mein Job ist hart. Soll doch die Mutter aufstehen und nach dem Kind sehen! Sie hat ja Zeit, kann morgens ausschlafen. Sie hat ja ohnehin tagsüber nicht viel zu tun, nur das Kind und den Haushalt. Was ist das schon? Doch die reinste Freude . . .

Das ist schade, denn die jungen Väter wissen gar nicht, was sie mit dieser Haltung sich selbst und ihrer Partnerin antun. Zum einen gefährden sie die Partnerschaft, denn die Mütter fühlen sich eingeengt, reduziert. Die Decke fällt ihnen auf den Kopf. So alleine und isoliert den ganzen Tag! Ständig unausgeschlafen und lustlos, an nichts mehr Freude, auch an der Liebe nicht. Da geht über kurz oder lang die beste Beziehung in die Brüche. Die Frauen, darüber sollten die Männer sich im klaren sein, sind nicht mehr bereit, einfach wieder in die Mutterrolle ihrer Großmütter zurückzuschlüpfen.

Zum anderen versäumen die Männer auf diese Weise eines der faszinierendsten Erlebnisse, die es überhaupt gibt: Die Entwicklung eines kleinen Kindes hautnah mitzuerleben und so eine immer stärkere Bindung zu ihm aufzubauen. Aber nicht nur das: Väter, die sich schon von Anfang an intensiv um ihre Kinder kümmern, sie füttern, wickeln, trösten, wissen viel besser, wie sich ein Kind entwickelt, was es in welcher Situation braucht, warum es gerade quengelig ist oder traurig oder fröhlich. Und sie tun sich auch später viel leichter, wenn es gilt, auf irgendwelche Unarten der Kinder zu reagieren, Bitten oder Verbote durchzusetzen.

Je besser ein Vater seine Kinder kennt, um so leichter wird auch er schon an kleinen Reaktionen erkennen, was sie brauchen. Ob da ein Gewitter im Anzug ist. Wann es sinnvoll ist, sich eine Weile den Kindern zu widmen, sie zu einem Spiel anzuregen oder einfach mit ihnen an die frische Luft zu gehen. Väter, die nichts von ihren Kindern wissen, werden die kleinen Signale eher falsch deuten, als etwas, auf das man mit Verboten, mit schimpfen oder gar Strafen reagieren muß.

Das ist der wahre Grund, warum es gerade am Wochenende oder im Urlaub so viel Krach in den Familien gibt: weil die Väter zuwenig von ihren Kindern wissen. Sie begreifen nicht, daß das, was sie für Unartigkeit halten, in Wahrheit nur Hilferufe sind: Hilf mir, ich fühle mich heute allein. Niemand hat Zeit für mich! Beschäftige dich doch mal mit mir!

Gewiß, es ist am Anfang mühsam, sich um ein kleines Kind zu kümmern, sich die Pflege zu teilen, so gut es geht. Wie wenige Väter sind abends oder am Wochenende dazu bereit, die Kinder ganz in eigener Regie zu übernehmen, damit die Mutter auch einmal ihren Interessen nachgehen kann! Wenn es auch nur ein „Weibertratsch" ist, der sie wieder auf andere Gedanken bringt. Wie oft wird dann so eine Runde durch einen Anruf gestört: „Komm schnell, das Kleine schreit immer noch, ohne dich schläft es nicht ein."

Da brauchen die Väter Zutrauen und Sicherheit, daß sie das auch selber können, daß der Umgang mit Kindern, auch mit kleinen, kein Privileg der Mütter ist, daß Väter genauso gute Mütter sein können, wenn sie nur wollen und den Mut dazu haben. Viel zu lange hat sich der Mythos gehalten, daß ausschließlich die Mütter ihre Kinder intuitiv verstehen und richtig behandeln können. Natürlich sind Väter anders, reagieren anders, aber das können schon kleine Kinder verkraften, es ist sogar für sie eine Bereicherung. Und enorm glücklich macht so eine enge Beziehung nicht nur Vater und Kind, sondern auch die Mutter. Denn dann ist sie ja auch von dem schrecklichen Druck befreit, allein für alles, was das Kind betrifft, zuständig und verantwortlich zu sein.

Auch Spielen will gelernt sein

Kaum ist so ein kleiner Erdenbürger auf der Welt, da wird er auch schon mit Spielzeug überschüttet. Omas, Opas, Tanten und Freunde schenken ihre eigenen Kinderträume. Und im Nu ist das Kinderzimmer mit Bären, Puppen, Klötzen, Autos und vielen anderen Spielsachen überfüllt. Niemand fragt: Was will das Kind, was braucht es wirklich?

Spielen kann doch jedes Kind! So denken die meisten Erwachsenen. Aber wenn sie dann erst einmal Kinder haben, dann entdecken sie rasch, daß dieser Satz nicht stimmt. Leider! Denn es wäre so schön, wenn man einem kleinen Kind nur ein paar Bausteine, Autos oder Figuren in die Hand geben müßte, und schon wäre es für die nächste Stunde beschäftigt. Daß das nichts weiter als ein naiver Traum ist, entdecken die meisten Eltern bereits, wenn ihr Baby zum erstenmal sein Stofftier im hohen Bogen aus dem Bett wirft. Man hat es ihm gerade mit Freude mitgebracht. Es ist doch soo kuschelig, gefällt es ihm denn nicht? Gefallen schon – aber es ist für das Kind viel schneller langweilig, als die Eltern sich das vorgestellt hatten. Schon nach wenigen Minuten hat das Kleine alles damit gemacht, was ein Baby damit machen kann: Es hat das Plüschtier in den Mund gesteckt, es hat es gedrückt, es hat gegen die Wand seines Bettchens damit geschlagen, hat es geschüttelt – nun weiß es, um was es sich handelt. Weg damit, wo ist das nächste Plüschtier?

Ähnlich geht es auch mit den meisten anderen Spielsachen, die man einem Kind in den ersten anderthalb Jahren gibt: Die meisten sind nach enttäuschend kurzer Zeit uninteressant. Gewiß, es gibt auch Kinder, die schon mit einem Jahr eine Viertelstunde oder sogar länger still über ein paar Plastikbechern sitzen und sie immer wieder anders ordnen: mal den blauen in den roten, dann den roten in den gelben ... Aber solche Kinder sind die Ausnahme. Die meisten wollen bis zum Ende des zweiten Lebensjahres in der Regel nur Dinge tun, die unter die Kategorie „Entdecken und Erforschen“ gehören. Das kann durchaus dazu führen, daß sie mal einen Lichtschalter dreißig- oder gar fünfzigmal hintereinander betätigen, als warteten sie immer darauf, daß es einmal nicht klappt, daß einmal das Licht *nicht* angeht. Aber sobald sie das Gefühl haben, jetzt hab ich das begriffen, wenden sie sich Neuem zu.

Erst gegen Ende des zweiten Lebensjahres ist es dann soweit, daß die Kinder in der Lage sind, sich ernsthaft um einen kleinen Turmbau zu bemühen oder traumverloren einen kleinen Bagger hin- und herschieben: brummmbrummm.

Das hat alles etwas mit der Entwicklung ihres Gehirns, speziell ihres Vorstellungsvermögens zu tun. Sie haben draußen irgendwo beobachtet, wie an einem Haus gebaut wurde, wie ein Bagger mit gewaltigem Gedröhn Kies und Erde in sein Maul nahm und an anderer Stelle wieder ausspie. Und nun, zu Hause, sind sie der Baggerführer. Das bedeutet natürlich, daß es enorm wichtig ist, einem Kind Erlebnisse zu verschaffen, die es dann daheim nachspielen kann. Denn die allermeisten Spiele sind Nachahmungen und damit eine Verarbeitung von Dingen, die ein Kind gesehen hat. Ein Kind, das nichts erleben darf, wird deshalb auch in seinem Spiel eingeschränkt sein. Die Frage aber, was denn ein Kind besonders zum Nachspielen reizt, läßt sich nicht allgemein beantworten. Da ist jedes Kind ein bißchen anders. Aber mit ein wenig Einfühlungsvermögen gelingt es fast allen Eltern nach einer Weile festzustellen, welche Art Wirklichkeit bei ihrem Kind die Phantasie am stärksten anregt.

Auch die Zeit, die sich ein kleines Kind im Spiel konzentrieren kann, ist sehr unterschiedlich. Es lassen sich jedoch Durchschnittswerte angeben: Wenn ein Kind mit achtzehn Monaten zehn Minuten, ein gerade zweijähriges fünfzehn Minuten konzentriert spielen kann, dann ist das schon eine große Leistung.

Die meisten Kinder wollen übrigens, zumindest bis zum Alter von zwei Jahren, nicht allein in einem Zimmer spielen. Die Vorstellung, ein Anderthalbjähriges hätte Lust, allein zu sein, während die Mutter in der Küche hantiert oder im Wohnzimmer sitzt, ist eine pure Illusion. Der Mensch ist ein geselliges Wesen. Warum sollte also ein Kind nicht lieber bei der Mutter oder beim

Vater sein? Erwachsene sind ja auch gewöhnlich lieber mit anderen zusammen als allein. Außerdem hat es auch sein Gutes, wenn die kleinen Kinder noch in der Nähe ihrer Eltern spielen. Dann können sie nämlich die Spiele ihres Sprößlings aus einem Augenwinkel heraus beobachten und nötigenfalls Hilfestellung geben, wenn er nicht weiterweiß. Das ist ganz wichtig, um nach und nach die Spieldauer zu verlängern. Die Kunst der Erwachsenen besteht in diesen Fällen darin, genau dann einzugreifen, wenn sie merken, daß das Kind alleine nicht mit einem Problemchen fertig wird. Oft genügt dann ein kleiner Hinweis: „Probier doch mal den längeren Baustein, vielleicht paßt der besser!"

Auch Mut zusprechen, ein bißchen loben, ein wenig bewundern läßt sich viel leichter, wenn man in der Nähe ist. Und zwar dann, wenn das Kind eine kleine Flaute hat, ein bißchen Ermutigung braucht, um weiterzukommen.

Nur eins sollten wir Erwachsenen in solchen Situationen nicht tun: Den Kindern aktiv zeigen, wie es eigentlich „richtig" geht! Immer sollten es die Kinder sein, die den entscheidenden Handgriff ausführen, das Werk bauen, nicht die Erwachsenen. Direkte Hilfe ist wirklich nur dann erlaubt, wenn ein Kind uns ausdrücklich darum bittet. Und selbst wenn die Kinder uns bitten, mit ihnen zu spielen, sollten immer sie es sein, die das Entscheidende tun, die uns sagen, wo es langgeht. Wir sind nicht dazu da, unseren Kindern etwas vorzuspielen! Denn am Ende ist es nicht wichtig, wie hoch der Turm geworden ist, den wir gemeinsam gebaut haben, sondern daß es dem Kind Spaß gemacht hat.

Sehr viele Eltern werden auch die Erfahrung machen, daß ihr Kind – vor allem, wenn es das erste ist – nicht die geringste Lust hat, sich mit all dem schönen Zeug zu beschäftigen, das sich in seinem Zimmer angesammelt hat. Es will nur immer bei der Mutter sein und ihr helfen. Es will auch mit dem Besen und Schwamm hantieren, auch im Kochtopf rühren – und zwar in einem echten! –, auch in der weichen, warmen Waschlauge waschen. Soll man es lassen? Oder soll man die Kinder immer wieder in ihr Zimmer schicken? Wer seine Kinder liebt (und sich selber auch), der sollte sie mithelfen lassen. Wenn das auch länger dauert und sehr oft mehr Arbeit macht. So ein Teamwork schafft ein fröhliches Klima und zufriedene Kinder. Und dafür lohnt es, auch eine größere Überschwemmung im Bad wieder aufzuwischen.

Ein wenig hängt die Fähigkeit der Kinder, sich frühzeitig im Spiel zu konzentrieren, allerdings auch davon ab, wie ernst die Erwachsenen das Spiel nehmen. Ein Kind, das nach Belieben der Eltern aus seinem Spiel herausgerissen wird – gleichgültig, ob es sich nun als Baby in das Studium seiner Hände vertieft oder als Zweijähriges versucht, einen Autounfall nachzuspielen –, hat später größere Schwierigkeiten, bei einer Sache zu bleiben und sie wichtig zu nehmen. Ein Kind dagegen, dem man nötige Unterbrechungen immer so rechtzeitig angekündigt hat, daß es noch fertigspielen, seine Autos noch einparken konnte, wird mit großer Wahrscheinlichkeit mehr Konzentration entwickeln können.

Kinder bekommen sehr schnell ein sicheres Gefühl dafür, was die Erwachsenen ernst nehmen und was nicht. Je besser es den Erwachsenen gelingt, sich wirklich für das Spiel ihrer Kinder zu interessieren, um so wichtiger wird das Spiel für die Kinder, um so schneller lernen sie es, sich alleine zu beschäftigen.

Was für Spielzeug braucht ein Kind?

Kinder sind heute immer in Gefahr, mit riesigen Mengen von Spielzeug überschüttet zu werden. Das hindert sie oft eher am Spielen, als daß es anregt. Die Kinder können sich nämlich dann oft nicht entschließen, womit von allen Sachen sie denn nun spielen sollen. Wichtiger als die Menge ist die richtige Auswahl. Ein Kind braucht:

- Kuschelige weiche Puppen oder Tiere zum Liebhaben.
- Bausteine zum Konstruieren. Und zwar lieber viele einfache Grundbausteine als zu komplizierte Spezialsteine.
- Kleine Figuren, um Szenen, die es irgendwo gesehen hat, nachzustellen.
- Große Plastikfahrzeuge für den Sandkasten – Holz ist schöner, aber für den Transport meist zu schwer – und viele kleine Fahrzeuge für zu Hause.
- Später braucht ein Kind dann Farben, Papier und Knetmaterial.

Grenzen und Zäune geben Kindern Halt

Kinder sind geborene Forscher und Entdecker. Oft ist ihre Neugier grenzenlos und überfordert nicht selten sie selbst und ihre Umwelt. Unversehens geraten Eltern dann in einen Zwiespalt: Was dürfen sie erlauben? Was müssen sie verbieten, um sich und das Kind zu schützen?

Beim Erkunden und Entdecken ihrer Umwelt können die Kleinen – so kann man das immer wieder beobachten – schon ein bestimmtes Pensum anvisieren, das sie unbedingt jetzt und hier bewältigen wollen. Mit großem Elan gehen sie an die selbstgestellte Aufgabe. Heute soll zum Beispiel erforscht werden, wieviel Wasser denn eigentlich in die Gummischuhe paßt. Gestern, als man ausloten mußte, wie weit man sich mit den Gummistiefeln ins Wasser wagen kann, bis es haargenau an den Stiefelrand geht, da war ja nur ein ganz klein wenig hineingeschwappt. Warum aber die Mutter, die man doch wirklich über alles liebt, wegen solch hochinteressanter Experimente so aufgebracht ist, das bleibt vollkommen unverständlich. Was hat sie nur? Mutters Erklärung, daß die Gummischuhe lange zum Trocknen brauchen und sie es nicht sehr schön findet, das ausgekippte Wasser aufwischen zu müssen, solche komplizierten Zusammenhänge kann ein kleines Kind noch nicht verstehen. Es kann aber durchaus an Mutters Reaktion spüren, daß es so etwas eigentlich nicht machen sollte. Nur das Warum und Wieso bleibt unklar.

Viele Mütter denken bei solchen wichtigen Beschäftigungen ihrer Kleinen häufig, ihr Kind wolle sie ärgern. Und dann neigen sie leicht dazu, schärfer zu reagieren. Mit harten Worten, Klapsen auf die Finger oder den Po.

Natürlich kann man sich als Eltern nicht über alle Experimente der Kinder freuen und ihnen ständig wohlwollend zusehen. Man muß ihnen auch Grenzen setzen. Die Kinder sollen ja von klein auf spüren und allmählich lernen, daß man im Zusammenleben miteinander dies oder jenes nicht tun kann.

Begrenzungen müssen sein! Einmal, weil Kinder lernen müssen, daß manche Dinge für die Mitmenschen nicht zumutbar sind. Und zum anderen auch, damit ein Kind sich selbst oder seiner Umgebung keinen Schaden zufügt. Der Spinatlöffel, der durch die Luft fliegt, auch wenn das noch so schön aussieht, ist unzumutbar für die anderen. Und auf der Straße muß jedes kleine Kind lernen, daß man nicht einfach so auf die Fahrbahn laufen kann. Das muß es, ob es will oder nicht, hinnehmen, auch wenn es mal widerstrebend unter den Arm geklemmt wird. Lange Erklärungen, warum das so ist, bewirken da oft wenig. Ein kleines Kind kann ihnen noch nicht richtig folgen. Mit der Begründung: „Du bist tot, wenn du unter ein Auto läufst", kann es überhaupt nichts anfangen. Selbst noch mit drei Jahren kann es der Mutter auf diese Warnung entgegenhalten: „Das macht mir überhaupt nichts aus, dann bin ich halt ein Engel!"

Grenzen müssen also sein, aber Grenzen setzen, das ist ein wahrer Balanceakt, eine Gratwanderung für alle Eltern. Patentlösungen, die für alle Kinder gelten, existieren nicht. Jedes Kind ist anders. Jedes hat andere Eigenheiten, ein anderes Temperament. Da gibt es auf der einen Seite bei der Auseinandersetzung mit der Umwelt die stilleren, bedächtigen Entdecker und Erforscher, die erstens nicht besonders viel Unfug anstellen und zweitens auch relativ einfach davon zu überzeugen sind, daß es vielleicht besser ist, statt der neuen Zeitung nur die bunten Werbebeilagen zu zerreißen.

Auf der anderen Seite gibt es die überaus Wilden, Ungestümen, die immer mit vollem Eifer und sofort die ganze Welt entdecken wollen. Das eine Kind läßt schon bei einem ganz bestimmten Blick seiner Mutter die Finger von der Herdplatte oder schmeißt Bauklötze doch nicht vom Balkon, während andere Welteroberer sich erst nach dreimaligem und härter werdendem Nein davon abhalten lassen – um aber im nächsten Augenblick die Finger doch wieder nach dem Elektroherd oder den Bausteinen auszustrecken.

Dazu kommt außerdem noch, daß auch jede Mutter anders ist und anders reagiert.

Was die eine noch ganz ruhig, gelassen hinnehmen kann, treibt eine andere an den Rand ihrer Nervenkraft.

Manche meint, am besten damit zu fahren, wenn sie ihrem Kind alles erlaubt, nichts verwehrt, dann gäbe es zwischen ihnen beiden keine Kämpfe, und so sei das Kind sicher am glücklichsten.

Aber jedes Kind möchte, so faszinierend die vollkommene Freiheit auch ist, doch auch spüren, wo's langgeht, woran es sich halten kann. Solche Beschränkungen, so negativ der Begriff auch klingen mag, bedeuten für ein Kind Sicherheit und Halt. Das Bewußtsein, alles zu dürfen, bringt Kinder sehr schnell in Konflikt mit ihren eigenen Bedürfnissen und dazu mit ihrer Umwelt.

Gerade entgegengesetzt reagieren viele andere Mütter. Sie verbieten ihrem Kind alles, nichts darf es anfassen, aus Angst, die Dinge könnten zu Bruch gehen. Nichts darf es wagen. Jede Mauer ist zu hoch, jede Leiter an der Rutschbahn zu gefährlich. Es könnte ihm ja etwas passieren. Die Welt solcher Kinder ist mit Verboten total vernagelt.

Kein Wunder, wenn so ein Kind dann oft lustlos herumhängt, herumquengelt. Wenn man immer wieder gebremst wird, wenn einem überhaupt nichts zugetraut wird, verliert man die Lust am eigenen Tun. Schlimm daran ist, daß so gebremste Kinder sich mit der Zeit selbst nichts mehr zutrauen. „Ich kann das ja doch nicht", wird ihr beherrschender Gedanke. Und so verlieren sie ihre Aktivität und ihre Kreativität. Das kann sogar dazu führen, daß sich ein Kind in sich selbst zurückzieht, nur noch in sich gekehrt mit dem Daumen im Mund dasitzt. Oder es schielt immer nach der Mutter, um zu sehen, ob es sich auch richtig verhält, paßt sich total an, ist überartig, verliert alle eigene Kreativität und Neugier.

Es gibt aber noch eine weitere Variante von kindlichen Reaktionen auf zu viele Verbote. Die Rebellion. Das Kind läßt sich dann überhaupt nichts mehr sagen, nichts mehr verbieten, es begehrt auf. Es beginnt mutwillig zu zerstören, um zu provozieren. Die Tasse fällt nicht aus Versehen auf den Boden, sie wird mit Absicht in viele Stücke zerknallt. Die Wand wird extra verschmiert, damit die Mutter sich ärgert, nicht aus kindlicher Experimentierlust. Provozieren um jeden Preis ist dann angesagt.

Kinder wollen und müssen lernen, mit ihrer Umwelt umzugehen, mit ihr fertig zu werden. Dazu müssen sie Gelegenheit haben.

Selbstverständlich muß man beschützend im Hintergrund stehen, um Gefahren abzuwenden oder um dem Kind zu helfen, wenn es alleine nicht weiterkommt. Aber vor allem muß man seinem Kind etwas zutrauen. Das macht alle kleinen Entdecker und Erforscher stark und selbstsicher.

Ein Kind muß spüren, meine Eltern halten etwas von mir, die finden mich gut, die freuen sich mit mir, wenn ich etwas Neues kann, und sie geben mir soviel Hilfe, wie ich brauche, wenn ich etwas noch nicht kann. Solche Gefühle schaffen ein ganz dickes Polster, auf dem ein Kind sich wohl und geborgen fühlen kann.

Man glaubt, man kennt sein Kind nicht wieder: Der plötzliche Trotzanfall

Zu harten Proben zwischen Kindern und Erwachsenen kommt es, wenn Kinder ihren eigenen Willen entdecken und ausprobieren. So sehr willensstarke Erwachsene anerkannt und bewundert werden, Kinder möchte man am liebsten willensschwach, leicht lenkbar und gefügig haben. Wie sollen sie dann aber lernen, ihren Willen mit dem Willen anderer sozial verträglich abzustimmen?

Gerade war es noch ein niedliches kleines Kind an der Hand seiner Mutter im Supermarkt, von allen recht nett angelächelt – plötzlich wird es zum schreienden, um sich strampelnden Biest. Die wohlwollenden Blicke der Erwachsenen rundherum werden lauernd und abschätzend: Was tut die Mutter jetzt?

Das Kind läßt sich nicht anfassen. Das Geschrei ist durchdringend und hoch. Ein besonders unartiges Kind? Nein, ein ganz normales Kind mit einem ganz normalen Trotzanfall. Aber es bringt die Mutter in schwere Konflikte mit der Umwelt. Sie ist ziemlich verunsichert. Soll sie die Meute befriedigen und ihrem Kind ordentlich eine hauen? Oder soll sie die Schokolade kaufen und als Mutter, die sich „auf der Nase herumtanzen läßt", das Feld räumen? Die Wut auf ihr Kind steigt hoch unter diesem Druck. Die Mutter hat Mühe, sich zu beherrschen.

Was ist los mit den kleinen Kindern, daß sie plötzlich wie von Sinnen herumtoben? Was geht in der kleinen Anna vor, die morgens wild entschlossen ist, sich nie mehr waschen zu lassen? Sie macht ein Geschrei, als ginge es um Leben und Tod, wenn sie mit Wasser und Seife in Berührung kommt. Die Mutter ist aber zum einen der Meinung, daß man sich waschen muß, und zum anderen, daß sie als Mutter ihrer Tochter diese Abneigung sofort auszutreiben hat. Sie denkt: Starrsinn kann man dem Kind nicht durchgehen lassen, sonst macht es mit einem, was es will. Wo kämen wir da hin? Also ab ins Kinderzimmer, Türe zu, da kann sich Anna austoben. Bald wird sie dann ganz schön klein angeschlichen kommen. Oder auch nicht.

Was geht in den Kleinen vor, wenn sie so sehr ausrasten, daß man sie gar nicht mehr wiedererkennt? Und was geht in den Köpfen der Eltern vor, daß sie davon immer wieder verunsichert werden? Ist es wirklich richtig, in solchen Fällen ordentlich was auf den Po zu geben? Stimmt der Satz „Man muß den Willen des Kindes brechen"? Riskieren wir, unsere Autorität zu verlieren, wenn wir um des Friedens willen nachgeben? Ober ist es möglich, daß unser Kind uns ärgern, tyrannisieren will?

Das hört sich alles etwas nach Machtkampf an und nach der Frage, wer bleibt Sieger? Aber mit den Kindern sollen ja keine Kämpfe ausgefochten werden. Es soll keine Sieger und Besiegten geben. Es geht darum, daß die kleinen Kinder in dieser Phase lernen müssen, mit ihrem stärker werdenden Willen umzugehen. Sie brauchen dabei keine Gegner, sondern Menschen, die ihnen helfen, mit diesem schweren Lernpensum fertigzuwerden.

Im zweiten Lebensjahr, wenn die Kinder laufen können, endlich mobil sind, haben sie eine unstillbare Neugierde auf alles und jedes. Phantasie und Wirklichkeit gehen bei ihnen noch kunterbunt durcheinander. Sie leben mit imaginären Tieren. Sie können dem Stuhl böse sein, weil er ihnen weh getan hat. Und der nasse Waschlappen kann sich in ein unheimliches Tier verwandeln. Ihr eigener Wille wächst. Dieser wachsende kindliche Wille ist aber noch nicht vernunftgesteuert, so daß die Kleinen noch nicht in der Lage sind, ihr Wollen und Können miteinander in Einklang zu bringen. Sie wollen immer mehr, als sie können und dürfen. Diese Diskrepanz versetzt sie in große Spannung. In so große Spannung, daß sie oft ausrasten. Die Folge davon: ein Trotzanfall.

Ob das nun die Unfähigkeit ist, die Eisenbahnschienen richtig zu verlegen, oder die Unfähigkeit zu verkraften, daß es jetzt vor dem Mittagessen nicht möglich ist, ein Eis zu bekommen. Das Kind ist wütend über sich und die Welt – und bekommt einen Trotzanfall.

Das Kind schreit ziemlich laut, läßt sich nicht anfassen. Manche schmeißen sich auf den Boden, strampeln mit Armen und Beinen. Manche entwickeln eine besondere Variante, sie halten die Luft an, bis sie blau

anlaufen oder schlagen vor Zorn mit dem Kopf auf den Boden. Zum verständlichen Schreck der Mütter! Untersuchungen an trotzenden Kindern haben klar gezeigt, daß sie während eines Anfalls nicht in der Lage sind, ihre Umgebung wahrzunehmen. So schlimm das alles aussieht, die Trotzanfälle sind meist ungefährlich.

Wenn Eltern bewußt ist, was in den Kindern vorgeht, daß die Kinder den Trotzanfällen hilflos ausgeliefert sind und auch selbst darunter leiden, dann sind sie leichter zu ertragen. Dann verunsichert sie auch nicht mehr der Gedanke, ihr Kind wolle sie ärgern oder tyrannisieren. Ein Kind trotzt, weil es etwas nicht kann oder darf, nicht um dadurch etwas zu erreichen.

Wie soll man sich am besten bei Trotzanfällen verhalten?

Das Trotzalter beginnt im Durchschnitt etwa mit eineinhalb Jahren, ist mit 22 Monaten auf dem Höhepunkt und geht etwa mit zwei Jahren und zehn Monaten zu Ende. Bei manchen beginnen die Anfälle schon mit neun Monaten. Viele Kinder haben mehrere Trotzanfälle pro Tag (bis zu 15!), sie enden aber im allgemeinen nach einigen Minuten. Ein Trotzanfall kann aber auch eine halbe Stunde dauern.

Eltern sollten bei so einem Anfall ihrem Kind gegenüber immer die gleiche konsequente Haltung haben. Sie sollten dem Kind signalisieren: Ich bin bei dir, ich laß dich nicht aus den Augen. Ich kann das Ende deines Trotzanfalls ganz in Ruhe abwarten. Man darf ein Kind während des Anfalls nicht alleine lassen, man sollte es zum Beispiel nicht aus dem Zimmer schicken. Schimpfen oder gar Schlagen verschlimmert die Situation nur noch. Das beste ist, einfach ruhig und verständnisvoll abzuwarten, so schwer das auch sein mag!

Eltern sollten sich aber durch das Geschrei, und wenn sie noch so viele mißbilligende Blicke rundherum spüren, auf keinen Fall erpressen lassen. Denn sonst fangen die Kinder bald an, das auszunützen und die Eltern zu manipulieren. Wenn Kinder auch mit drei oder vier Jahren noch Trotzanfälle haben, dann kann man davon ausgehen, daß sie es gelernt haben, diese Anfälle ganz bewußt einzusetzen, weil die Eltern zu oft nachgegeben haben.

Natürlich hat die Zahl der Trotzanfälle auch etwas damit zu tun, welchen Zwängen ein Kind unterworfen ist. Je mehr Freiheit und Möglichkeiten es hat, sich auszutoben und seine Umwelt zu erobern, um so weniger wird es trotzen.

Nach dem dritten Geburtstag lernen die meisten Kinder, allmählich kontrolliert zu handeln, und sie verstehen es immer besser, sich anzupassen.

Manche mögen's heiß und manche gar nicht: Die Gesellschaft mit anderen Kindern

Kinder lieben schon früh Geselligkeit und die Anwesenheit anderer Kinder.

Aber mehr noch als am Sozialkontakt sind sie zuweilen am Spielzeug anderer Kinder interessiert. Das wollen sie dann um jeden Preis haben! Brüllen, Beißen, Boxen sind dann nicht selten die Methoden ihrer Wahl. Die Eltern sind entsetzt: Wird ihr Kind jemals zu einem sozialen Wesen heranreifen? Keine Sorge, es wird!

In den ersten beiden Lebensjahren brauchen kleine Kinder die Geborgenheit in der Nähe der Menschen, die für sie sorgen, um sich rundherum wohl zu fühlen. In dieser Sicherheit lernen sie ganz allmählich, sich immer etwas länger alleine zu beschäftigen. Sie brauchen noch nicht den Kontakt mit anderen Kindern, aber sie haben doch die Gesellschaft, den Trubel mit anderen Kindern überaus gern. Schon bei den ganz Kleinen, den Halbjährigen, kann man beobachten, daß sie mit wachen Augen andere Kinder interessiert verfolgen. Das macht ihnen ungeheuren Spaß.

Aber so richtig etwas miteinander anfangen, miteinander spielen, miteinander umgehen, das können sie noch lange nicht. Wer kennt nicht die Szene: Zwei tapsige Einjährige laufen voll Freude aufeinander zu, schließen sich ungestüm in die Arme und, plumps, fallen sie um. Heftiges Gebrüll bei den Kindern und die kategorische Frage bei den Erwachsenen, welches war das böse, welches hat das andere geschubst? Schlimmer kann es kommen, wenn eins der beiden Kinder mal ganz schnell zugebissen hat und die Spuren in den rosigen Kinderbäckchen sogar zu sehen sind. Die arme Mutter des Täters oder der Täterin! Denn das Pauschalurteil der Umstehenden lautet meistens gleich: „Diese Mutter hat ihr Kind schlecht erzogen!" „Dem Kind gehört was hintendrauf!" „So was Ungezogenes!" Aber das Urteil stimmt nicht.

Es stimmt deshalb nicht, weil kleine Kinder, bis ungefähr zu ihrem dritten Geburtstag, noch gar nicht, so wie wir Erwachsene das erwarten, miteinander spielen können. Die Ein- oder Zweijährigen müssen erst ganz allmählich den Umgang miteinander lernen, und das ist gar nicht so einfach, wie sich das anhört. Was macht man überhaupt so miteinander? Was fängt man zusammen an? Das probiert jedes Kind nach eigenem Temperament und Mut. Im Sandkasten, in der Spiel- oder Krabbelgruppe, eben da, wo mehrere Gleichaltrige zusammen sind, gibt es die verschiedensten Typen. Manche finden es herrlich und genießen es, einfach so zwischen den anderen Kindern zu sitzen, ihnen zuzuschauen und sich ein bißchen mit sich selbst zu beschäftigen. Andere, besonders Neulinge in der Gruppe, bevorzugen den Logenplatz auf Mamas Schoß, um erst einmal alles aus sicherer Entfernung beobachten zu können. Dazwischen ist dann immer wieder mal ein Kind, das ganz blitzschnell den Kontakt mit Beißen oder Puffen aufzunehmen versucht. Nicht zu vergessen die Kinder, die andere an den Haaren ziehen oder ihnen jedes Spielzeug aus den Händen reißen.

Es gibt natürlich auch Kinder, die still nebeneinandersitzen, Sandkuchen backen, Wagen hin- und herschieben, Becher ineinanderstapeln und nur selten Schwierigkeiten miteinander haben. Ihre Mütter können ruhig und gelassen vom Rand her zuschauen. Anders die Mütter, deren Kinder forsch kontakten und immer wieder anecken, durch die es immer wieder Wirbel und Geheul gibt. Auch diese Mütter hatten sich auf den Kontakt mit den anderen Müttern gefreut, darauf, endlich mal rauszukommen, nicht immer mit dem Kind allein zu sein. Und jetzt das! Sie fragen sich entsetzt, warum gerade ihr Kind in der Gruppe so schlimm ist, wo es sich doch zu Hause fast immer liebenswert und brav benimmt. Viele zweifeln bald, ob sie überhaupt weiter mit ihrem Kind in die Gruppe gehen können, wenn es doch nur jedesmal wieder Scherereien gibt. Und es ist ja nicht nur das Geschrei unter den Kleinen, es sind auch die anderen Mütter, die sie verhohlen oder offen zu einem härteren Kurs auffordern.

Die eine oder andere Mutter rechnet dann hoch und sieht ihren Sprößling schon als Rowdy auf dem Schulhof oder als ewigen Prügelknaben in der Schulhofecke. Solche Gedanken belasten nicht nur ungeheuer, sie sind außerdem völlig unnötig. Denn die Kleinen lernen mit der Zeit im-

mer besser, miteinander umzugehen. Und bis sie das Kindergartenalter erreicht haben, klappt das mit den sozialen Kontakten dann meist ganz prima. Sie können dann schon geschickt taktieren, Spielregeln einhalten und, vor allem, sie können allmählich auf andere eingehen.

Bis dahin aber werden sie fast ausschließlich von ihren eigenen Bedürfnissen und Wünschen geleitet. Sie sind der Nabel der Welt. Um sie dreht sich alles! Das ist beileibe keine böse, negative Veranlagung. Dieser Zug ist alters- und entwicklungsbedingt. Da hilft es auch gar nichts, wenn die Eltern mit liebevollen und logischen Erklärungen ihr Kind zum Mitgefühl, Liebsein, Teilen erziehen wollen. Ein Ein- oder Zweijähriges ist damit weit überfordert. Natürlich flammt bei kleinen Kindern kurz ein Mitgefühl auf, wenn es heißt: „Schau doch mal, wie weh du dem Kind getan hast!" Man bringt auch fast jedes Kind dazu, sein Vergehen mit Zärtlichkeit und Küßchen wiedergutzumachen. Aber meist wird es sofort danach das Spielzeug wieder genauso rabiat an sich reißen, das andere Kind zwicken, beißen. Die Kinder können sich wirklich noch nicht verkneifen, genau das zu wollen, unbedingt haben zu müssen, womit die anderen gerade spielen.

Eltern, denen das alles nicht ganz klar ist, verstehen ihr Kind in dieser Zeit falsch. Sie sind enttäuscht, hätten es gerne anders. Und das bekommt jedes Kind gefühlsmäßig mit. Es spürt, daß seine Eltern es so, wie es jetzt ist, nicht akzeptieren. Dem Beißer oder Schubser wird gezeigt, daß er böse ist. Dem Schüchternen wird signalisiert: „Nun wehr dich doch endlich mal!"

Das macht Kinder unsicher, denn ein Kind muß wissen, daß es unter allen Bedingungen geliebt wird. Auch wenn es sich einmal anders verhält, als die Eltern das gerne hätten.

Schüchternen Kindern, die sich nicht gleich unter die anderen Kinder mischen wollen, denen vielleicht auch der ungewohnte Trubel Angst macht, muß man einfach Zeit lassen. Sie brauchen Ruhe, um die anderen erst einmal aus sicherer Entfernung zu beobachten – auch wenn man sich als Mutter sein Kind hundertmal stürmischer und draufgängerischer erträumt hat. Irgendwann tauen auch diese Zurückhaltenden auf.

Aber was ist mit den kleinen Beißern oder Schlägern, deren Mütter sich immer wieder fragen, was sie nur falsch gemacht haben, die sich auch immer wieder rechtfertigen: Unser Kind wird zu Hause nie geschlagen! Und die dann doch das Gefühl haben, daß ihnen niemand glaubt. Dabei ist die Erklärung ziemlich einfach. Durch einen puren Zufall, beim Spielen, beim Schmusen, merkt ein Kind, es hat einen riesigen „Erfolg", wenn es beißt oder schlägt. Es war wirklich ein Zufall, es zielte auf nichts ab, aber plötzlich stubste seine Hand das andere Kind um. Das verursachte einen enormen Wirbel. Plötzlich war etwas los! Eine Mutter schimpfte, eine andere drohte mit der Hand, alle schauten auf das „böse Kind". Und das Kind fand das toll und beschloß, das mach ich gleich wieder. Denn es gibt nichts, was Kinder mehr lieben, als soviel Beachtung zu finden. Daß das ja eigentlich eine negative Art der Beachtung ist, stört ein Kind überhaupt nicht. Hauptsache, die anderen nehmen Notiz von dem, was es macht. Deshalb werden die Kleinen nicht müde, so einen Zufallserfolg zu wiederholen. Den Durchblick, was gut, böse, mein und dein ist, den haben Ein- oder Zweijährige noch lange nicht.

Was kann eine Mutter tun, die sich schon gar nicht mehr in die Nähe anderer Kinder traut, weil ihr Kind beißt, schlägt oder pufft? Die die schiefen Blicke der anderen Mütter leid ist? Amerikanische Psychologen haben eine Methode herausgefunden, mit der man den allermeisten dieser Kinder ihre Unart gut abgewöhnen kann. Sie empfehlen, das Kind, das gerade gebissen oder geschlagen hat, sofort nach der „Tat" für

vier Minuten von den anderen Kindern wegzunehmen. Es muß sich so lange auf einen Stuhl setzen oder wird auf den Schoß genommen. Dann darf es zurück in die Gruppe. Beißt es erneut, kommt es sofort wieder auf den Schoß, diesmal sechs Minuten. Das Ganze soll ohne Palaver vor sich gehen, nur mit einem: „Das mag ich gar nicht, wenn du das tust!" Macht es dann noch einen dritten Versuch, dann soll die Mutter ihr Kind unter den Arm packen und für heute den Kreis verlassen: „Wenn du so bist, müssen wir eben gehen!"

Alles Schimpfen, alles Strafen – Klapsen, Schlagen, Zurückbeißen – bringt keinen Erfolg. Genausowenig sinnvoll ist die Forderung vieler Mütter, die Kleinen in der Gruppe sollten ihre kindlichen Konflikte selber lösen. Dazu sind sie erst viel später, nämlich im Kindergartenalter fähig.

Zusammen mit größeren Kindern, in altersgemischten Gruppen, klappt die Kommunikation besser, weil die Kleinen die natürliche Autorität der älteren Kinder akzeptieren. Die Kleinen beobachten die Großen auch ganz genau, schauen, was sie ihnen nachmachen, was sie von ihnen lernen können. Leider sind aber solche altersgemischten Gruppen als Vorläufer des Kindergartens noch sehr selten.

Wenn's um den Topf geht, scheiden sich die Geister

Unsere Großmütter wetteiferten mit der Sauberkeitsdressur ihrer Kinder. Noch vor dem ersten Lebensjahr hatte ein Kind sauber zu sein, koste es, was es wolle.

Da sie weder elektrische Waschmaschinen noch Wegwerfwindeln besaßen, kann man ihren Ehrgeiz in etwa nachvollziehen. Heute wissen wir längst, daß ein Kind von sich aus „sauber" wird, sobald Körper und Seele für diesen Prozeß reif sind.

Die Fähigkeit, sauber zu werden, erlangt ein Kind mitten im Trotzalter. Das ist der wahre Grund dafür, warum es so viele Probleme mit dem Topf gibt. Gegen Ende des ersten Lebensjahres ist die Isolierung der Nerven, die die Ausscheidungsorgane steuern, so weit entwickelt, daß ein Kind sie beherrschen kann. Wenn es will. Sigmund Freud war der erste, der auf die Bedeutung hingewiesen hat, die die Sauberkeitserziehung für Kinder hat. Er war allerdings der Meinung, die Schwierigkeiten rührten daher, daß das Kind das Gefühl habe, mit seinen Ausscheidungen etwas von sich selbst herzugeben. Ob das wirklich so ist, läßt sich natürlich nicht genau sagen. Heute ist man eher der Meinung, daß die Ursache der Probleme in der Tatsache liegt, daß die Sauberkeitserziehung ausgerechnet in eine Zeit fällt, in der das Kind lernt, einen eigenen Willen zu entwickeln. Es hat die Erfahrung gemacht, daß es nicht alles tun muß, was die Mutter ihm sagt. Es kann auch nein sagen. Es kann sich verweigern. Das macht schon bei ganz unwichtigen Dingen Spaß, um so mehr bei einem Thema, das der Mutter ganz offensichtlich so ungeheuer wichtig ist.

Genau hierin liegt das große Risiko einer zu frühen Sauberkeitserziehung. Das Kind merkt dann rasch, welche Bedeutung die Sache für die Mutter hat, und wird dadurch zum Experimentieren gereizt: Was tut die Mutter eigentlich, wenn ich meine Schließmuskeln nicht locker lasse und deshalb das Töpfchen leer bleibt? Oder wenn ich einfach in die Hose mache? Sie kann schimpfen. Sie kann heftig schimpfen. Sie kann mir einen Klaps hintendrauf geben. Alles nicht sonderlich angenehm, aber trotzdem, zwingen kann sie mich nicht!

Früher, als man noch keine Waschmaschinen hatte und auch noch keine Wegwerfwindeln, begannen die Mütter oft schon vor dem ersten Geburtstag ihrer Kinder damit, sie regelmäßig aufs Töpfchen zu setzen. Auch in den Kinderkrippen der ehemaligen DDR beispielsweise wurden die meisten Kinder, sobald sie sitzen konnten, aufs Töpfchen gesetzt. Im Stundenrhythmus. In den ersten Monaten war das natürlich nur ganz selten von Erfolg gekrönt, aber nach einem halben Jahr täglichen, ja stündlichen Übens hatten die Sitzungen immer häufiger Erfolg. Und gegen Ende des zweiten Lebensjahres war, nach Aussagen von Erzieherinnen, ein großer Teil der Kinder sauber. Das heißt, man kann Kinder also durchaus zur Sauberkeit dressieren, auch bevor sie ihre Schließmuskeln völlig im Griff haben. Man muß sich allerdings darüber im klaren sein, welcher Aufwand dafür nötig ist und welchen Preis man dafür zu zahlen hat. Man muß die Kinder fast stündlich aufs Töpfchen setzen und darf sich nicht einen Hauch von Enttäuschung anmerken lassen, wenn schon wieder nichts drin ist. Wenn etwas drin ist, muß man kräftig loben, aber das fällt ja nicht schwer. Es handelt sich also bei diesem Vorgehen um die ganz normalen Methoden einer Dressur. Da die meisten Eltern aber heute alles andere haben wollen als dressierte Kinder, kommt für sie diese Methode ohnehin nicht in Frage. Denn selbstverständlich bleibt es nicht ohne Auswirkungen auf ein kleines Kind, wenn es fast stündlich gezwungen wird, etwas zu tun, was es eigentlich nicht will, was es nicht kann und wovon es über Monate hin nicht einmal weiß, wozu das alles gut sein soll. Ein so behandeltes Kind kann sich eigentlich nur als Marionette in der Hand seiner Mutter fühlen. Daß sich einigermaßen willensstarke Kinder gegen diesen unverständlichen Zwang bald energisch zur Wehr setzen, ist klar. In den Gruppen der Kinderkrippen scheint solche Dressur übrigens leichter durchzusetzen zu sein als bei einem Kind in der Familie.

Klarmachen muß man sich auch, was es für ein Kind im zweiten Lebensjahr bedeutet, fast stündlich aus seinem augenblicklichen Tun herausgerissen zu werden. Es ist jetzt gerade in einem Alter, in dem es nichts

Wichtigeres gibt, als möglichst viel von seiner kleinen , greifbaren Welt kennenzulernen. Es soll lernen, sich möglichst genau und ausdauernd mit all diesen Dingen zu beschäftigen, soll lernen zu spielen. Und da kommt alle Augenblicke jemand und setzt es wegen einer sinnlosen, undurchschaubaren Angelegenheit auf einen Topf! Als ob genau dies der wichtigste Platz der ganzen Welt wäre.

Diese früher so übliche Methode, Kinder zur Sauberkeit zu dressieren, hat aber noch einen weiteren gravierenden Nachteil. Die Kinder neigen in besonders starkem Maße dazu, bei kleinen Belastungen wieder rückfällig zu werden. Unter ihnen ist der Anteil der Kinder, die auch mit fünf und sechs Jahren immer mal wieder in die Hose machen, besonders groß.

Aus all diesen Gründen raten Psychologen seit vielen Jahren dazu, Kinder nicht mehr zur Sauberkeit zu dressieren, sondern mit der ganzen Angelegenheit zu warten, bis die Kinder alt genug sind, um zu begreifen, was sie sollen. Alt genug aber vor allem, um auch zu können, was man von ihnen verlangt. Der Zeitpunkt dafür ist bei Mädchen gegen Ende des zweiten Lebensjahres gekommen, bei Jungen im ersten Drittel des dritten. Die Kinder sind dann so alt, daß man mit ihnen in aller Ruhe über die Sache reden kann: Ob sie nicht Lust hätten, es einmal ohne Windel zu probieren. Wenn man dabei einigermaßen diplomatisch vorgeht und einen günstigen Zeitpunkt wählt, ist die Wahrscheinlichkeit, daß die Kinder zu einem solchen Experiment bereit sind, sehr groß. Man muß den Kindern das Gefühl geben, daß sie es sind, die das entscheiden können. Sind sie bereit, dann geschieht es häufig, daß ein Kind innerhalb weniger Tage sauber ist. Sind sie es noch nicht, dann ist im Augenblick alles weitere Reden sinnlos (und jeder Zwang ohnehin). Dann muß man das Thema vertagen: Du fühlst dich noch nicht groß genug, einverstanden. Wir warten noch ein wenig. In ein paar Wochen reden wir erneut darüber. Irgendwann bist du soweit, da mache ich mir überhaupt keine Sorgen.

Die meisten Kinder werden heute im Laufe des dritten Lebensjahres sauber, eher gegen Ende als zu Beginn. Am längsten dauert es dort, wo in der Zeit der Sauberkeitserziehung irgendwelche Schwierigkeiten für ein Kind auftreten, etwa ein Umzug oder daß ein Geschwisterchen ankommt. Besonders aber dort, wo aus dem Sauberwerden ein Machtkampf wird. Die Eltern wollen ihr Kind zwingen, nun endlich ohne Windel auszukommen, mit Druck, mit Schimpfen, mit Strafen. Und das Kind beweist den Eltern jeden Tag aufs neue, daß man es nicht zwingen kann.

Was tut man dann? Gar nichts: Man zieht dem Kind (wieder) Windeln an und wartet ab, bis es sich groß genug fühlt, den neuen Lebensabschnitt zu beginnen.

Schnuller und Daumen, die verpönten Tröster

Vieles müssen Babys lernen. Eines aber beherrschen sie perfekt: das Nuckeln.

Wen wundert es da, daß sie diese angenehme Tätigkeit auch ausführen möchten, wenn gerade weder Stillen noch die Flasche angesagt ist? Und da Babys und Kinder erfinderisch sind, nuckeln sie an allem, was ihnen dafür geeignet scheint. Keine Sorge! Wenn die Zeit reif ist, geben sie das Nuckeln zugunsten anderer Tätigkeiten meist von selber auf.

Die dreijährige Melanie ist ein fröhliches Kind, quicklebendig und liebenswert, nur – sie läuft von morgens bis abends mit dem Schnuller im Mund herum. Und nachts, wenn sie aus einem bedrückenden Traum aufschreckt, weint sie nach ihm. Die Mutter würde das weiter nicht stören, sie ist mit ihrem Töchterchen glücklich. Aber die Oma findet den Nuckel schlimm und geniert sich, mit ihrem Enkelchen spazierenzugehen. Der Vater wirft seiner Frau vor, sie sei wohl nicht fähig, dem Töchterchen den Schnuller abzugewöhnen. Und die beste Freundin von Melanies Mutter macht die Verunsicherung in Sachen Schnuller komplett: Sie meint, das Nuckeln sei Ausdruck eines seelischen Kummers. Melanies Mutter ist hin- und hergerissen. Soll sie den Kampf gegen den Nuckel aufnehmen?

Eltern, deren Kinder am Schnuller nuckeln oder am Daumen lutschen, sind oft nicht sicher, ob sie das hinnehmen oder etwas dagegen tun sollen. Und wie viele haben es da schon mit Strafandrohungen und dem Versprechen von Belohnungen versucht, um ihr Kind von seinem geliebten Schnuller abzubringen. Erfolglos meist, denn nur wenige Kinder lassen sich mit Strafen oder Belohnungen am Nuckeln hindern. Und mit bitteren Tinkturen schon gar nicht. Sie wechseln höchstens das Nuckelobjekt und steigen vom Schnuller auf den Daumen, auf Kissenzipfel, Kragenecken oder ein Schmusetuch um.

Jedes Baby hat ein angeborenes Saugbedürfnis. Das ist lebenswichtig und ermöglicht es ihm, seine Nahrung zu bekommen. Das Saugen und Nuckeln verschafft ihm aber auch noch Wohlbehagen in dieser unheimlichen Welt. Auch später finden die Kleinen beim Nuckeln und Daumenlutschen noch einen einlullenden Trost in ihren Kümmernissen, oder wenn sie vor lauter Müdigkeit den Schlaf nicht finden können. Diese Trostspender sollte man kleinen Kindern, etwa bis zu ihrem vierten Geburtstag, unbesorgt gönnen.

Danach sieht es dann allerdings etwas anders aus. Gewiß, wenn ein Vierjähriges vor Müdigkeit mal den Daumen in den Mund steckt, weil der Tag mit „rein ins Auto und raus aus dem Auto" und „hier einkaufen und dort was besorgen" zu stressig war, wenn die Geburtstagsfeier bei der Oma etwas arg lang dauerte, dann sollten die Eltern mit ruhigem Gewissen darüber hinwegschauen. Wenn aber ein Kind fast den ganzen Tag den Daumen im Mund hat oder an seinen Nägeln knabbert, dann muß man das als Signal, daß dem Kind irgend etwas fehlt, ernst nehmen.

Was können das für Ursachen sein, die ein Kind zum Daumenlutschen und Nägelknabbern treiben? Das muß gar nichts Dramatisches, Tiefgreifendes sein. Manchmal genügt da eine scheinbar harmlose Sache, ein kleiner Konflikt, mit dem ein Kind nicht fertig wird. Das kann Eifersucht auf ein Geschwisterchen sein oder eine zu strenge Sauberkeitserziehung zu einem Zeitpunkt, zu dem das Kind noch nicht groß genug dafür war. Oder der Verlust von gerade gefundenen Freunden. Auslösend kann auch eine Überforderung im Kindergarten oder zu Hause sein. Vielleicht wird der Bruder oder die Schwester von den Eltern vorgezogen, mehr gelobt. Ursache kann auch sein, daß von einem Kind ganz allgemein mehr verlangt wird, als es seiner Entwicklung nach schon leisten kann. Möglich aber auch, daß sich ein aktives, kreatives Kind immer wieder von zu vielen Verboten eingeengt fühlt: Es darf kaum tun, was ihm vom Alter her Spaß machen würde. Dann ist es kein Wunder, wenn sich ein Kind in seiner Haut nicht wohl fühlt und entweder aggressiv wird oder sich zurückzieht, inaktiv wird und Trost sucht im Nägelkauen oder Daumenlutschen.

Jedes Kind braucht zu seiner gesunden seelischen und körperlichen Entwicklung Liebe, Beachtung, Anerkennung, Zuwendung, Verständnis und das Gefühl der Geborgenheit. Bekommt es davon zuwenig, leidet es und sucht sich eine Ersatzbefriedigung. Kinder können nicht einfach sagen: „Mama, mir fehlt Beachtung!", „Mama, kümmere dich mehr um mich!", „Mama, liebst du mich eigentlich noch?" Sie haben für solche Botschaften ihre eigene, verschlüsselte Sprache. Nägelkauen und Daumenlutschen sind wichtige Signale darin. Herauszufinden, was für Ursachen sich hinter diesen Signalen verbergen, ist nicht immer leicht. Besonders schwer wird es häufig durch die Tatsache, daß Kinder oft viel erwachsener und cleverer wirken, als sie eigentlich sind. Sie scheinen schon so groß und sind in Wahrheit doch noch so hilfsbedürftig und verletzlich. So setzen sehr viele Eltern bei ihren Kindern viel zuviel voraus. Und außerdem vergessen sie leicht, daß alle Kinder verschieden sind, daß jedes anders reagiert. Was das eine, etwas robustere Kind problemlos wegsteckt, kann für ein anderes, sensibleres eine stark belastende Situation sein.

Die große Sorge der Eltern daumenlutschender Kinder ist natürlich, daß das Gebiß Schaden leiden könnte. Aber diese Angst ist in den meisten Fällen stark übertrieben. Auch wenn die Meinungen der Zahnärzte und Kieferchirurgen auseinandergehen – einig sind sie sich doch heute darin, daß nur extremes, jahrelanges Daumenlutschen dem Gebiß der Kinder schaden kann. Und auch darin sind sie sich einig: Durch Spangen und dergleichen läßt sich dieser Schaden fast immer wieder beheben.

Was also tun, wenn ein Fünfjähriger noch immer den Schnuller braucht in schwierigen Situationen oder den Daumen in den Mund schiebt, wenn's stressig wird? Vor allem nicht ständig darüber reden, das ist nämlich das Ungünstigste, was man machen kann. Jede Art von Beachtung dieser Angewohnheit verstärkt sie nur. Sinnvoll wäre es, sich zu fragen, ob das Kind wirklich alles hat, um sich in seiner Haut wohl zu fühlen. Und wenn man diese Frage guten Gewissens mit ja beantworten kann und das Kind nuckelt doch ab und zu am Daumen? Dann ist es das beste, dem Kind einfach sein Vergnügen zu lassen und das Thema zu den Akten zu legen.

Jeder Klaps ist ein Klaps zuviel

Bekanntlich haben die Ohrfeigen, die man als Kind einstecken mußte, keinen nennenswerten Schaden angerichtet. Oder doch?

Jede Ohrfeige, jeder Schlag auf die Finger ist Gewalt gegen Kinder. Kinder lernen daraus, daß Gewalt ein Mittel ist, mit dem man sich gegen andere durchsetzen kann. Unbestritten ist, daß Kinder Grenzen brauchen, aber das hat mit Gewalt rein gar nichts zu tun.

„Neulich hab ich meinem Kind den Po verhauen. Ich wollte bestimmt nie schlagen, aber die Nerven gingen einfach mit mir durch." Die junge Mutter, die das sagt, hatte sich ganz fest vorgenommen, in der Erziehung ihrer Kinder ohne körperliche Strafen auszukommen, und doch war ihr die Hand ausgerutscht. Warum nur? Sie war nervös, plötzlich in eine scheinbar ausweglose Situation geraten, mit der sie nicht mehr fertig wurde, und da machte sie es dann doch so, wie sie es früher in ihrer eigenen Kindheit von ihren Eltern gewohnt war.

Dabei wußte sie noch ganz genau, wie demütigend und erniedrigend Ohrfeigen, Schläge für ein Kind sind. Sie konnte sich auch gut erinnern, daß diese Strafen überhaupt nichts genützt hatten. Ihr Zimmer war abends nicht besser aufgeräumt, der Teller nicht leer gegessen. Das Anziehen morgens ging mit Ohrfeigen nicht schneller. Aus dem Kindergarten und später aus der Schule kam sie auch nach handgreiflichen Ermahnungen nicht eher nach Hause. Und auch die Matschpfützen hatten nichts von ihrer Anziehungskraft verloren, wenn sie ein paar hintendrauf bekam.

„Wie können die Großen, die ich doch so sehr mag, einem so weh tun? Haben die mich denn wirklich lieb?" hatte sie sich als Kind immer wieder gefragt. Ihr eigenes Kind sollte Vertrauen zu ihr haben, das hatte sie sich fest vorgenommen. Aber dann war es doch passiert. Sie hatte schrecklich geweint über sich selbst, ihr Kind nachher mit Zärtlichkeiten überschüttet. Tagelang plagte sie sich mit Schuldgefühlen herum.

So oder ganz ähnlich geht es vielen Müttern. Man ist mal unausgeschlafen, weil das Kind die halbe Nacht geweint hat, oder der Druck kommt vom Partner, der abends und nachts seine Ruhe haben will und mehr Härte gegenüber dem Kind verlangt, Zweifel äußert, ob man das Kind auch richtig erzieht. Und plötzlich ist man unsicher, tut Dinge, die man nie tun wollte.

Oder andere Mütter, in der Spielgruppe etwa, fordern Bestrafung: einen festen Klaps auf den Po, weil das Kind andere gerempelt oder gehauen hat. Ganz besonders hoch schlagen die Wellen an der Kasse des Supermarktes, wenn da ein Kind strampelnd auf dem Boden liegt, schreit und unbedingt Gummibärle oder Eis verlangt. „Wenn das mein Kind wäre . . . !" heißt es dann. Auch so was kann manche gestreßte Mutter irritieren. Genervt fragt sie sich: „Ist da doch was dran? Würde ein fester Klaps das Problem vielleicht lösen?" Aber wenn sie es dann wirklich ausprobiert, ihrem Kind einen Klaps, eine Ohrfeige gibt, stellt sie meist fest: Es hilft auch nichts. Körperliche Strafen wirken ganz verschieden auf Kinder. Manche rebellieren und denken: „Ich tu es ja doch wieder, und wenn ihr mich noch so oft dafür schlagt!" Andere Kinder sinnen auf Rache, reizen, provozieren die Eltern, wo es nur geht, werden nörglerisch und aggressiv.

Es gibt aber auch den Typ Kind, der sich dann ganz beflissen anpaßt, alles, aber auch alles vermeidet, was den Ärger oder das Mißfallen der Eltern heraufbeschwören könnte. Diese Kinder trauen sich dann mit der Zeit nichts mehr spontan oder aus Spaß zu tun, sie sind völlig gebremst. „Es könnte ja nicht gefallen", ist der einzige Gedanke, der sie beherrscht. Und dies Schielen nach dem Wohlwollen der Obrigkeit bleibt ihnen oft das ganze Leben erhalten.

Nicht zu vergessen auch die Kinder, die aus Angst vor einer Strafe zu Lügnern werden. Sie schwindeln, was das Zeug hält, und werden enorm erfinderisch im Ausdenken von Geschichten. Wenn den Eltern wieder einmal nicht paßt, wie sie das Taschengeld angelegt haben, dann stammen die Plastikfiguren eben „von einem Freund, der sie doppelt hat".

Der Klaps, die Ohrfeige in einer Situation mit übergroßem Streß, die „ausgerutschte Hand", das ist ein „Unfall", eine Affekthandlung. Solche „Unfälle" sind nicht gut in der Erziehung, aber es gelingt wohl nur wenigen Eltern, sie ganz zu vermeiden.

Klapse, Ohrfeigen, Schläge, die ganz bewußt als „Erziehungsmittel“ eingesetzt werden, zerstören, vergiften, lähmen. Eltern, denen es nur einigermaßen gelingt, ohne Schläge auszukommen, machen alle die gleiche positive Erfahrung: Die Bindung zu ihren Kindern wird enger, die Beziehung besser, inniger, stabiler. Zwischen Eltern und Kindern entsteht eine sichere Vertrauensbasis und viel mehr Verständnis.

Eltern sollen ihren Kindern eine natürliche Autorität sein, die sie leitet, schützt und ihnen Halt gibt, aber sie sollten ihre Kinder nicht „beherrschen“, schon gar nicht mit körperlicher Gewalt. Gespräche mit jungen Müttern zeigen, daß die meisten von ihnen heute den festen Vorsatz haben, ohne Klapse oder Schläge auszukommen. Bei der Frage jedoch, wie sie denn statt dessen reagieren wollen, wenn ihre Kinder mal Dinge tun, die man nicht tolerieren kann, dann bekommt man sehr unklare Antworten. Hier stößt man auf ein großes Dilemma: Es gibt den weitverbreiteten Willen, es anders zu machen als die Eltern und Großeltern, aber kaum Vorstellungen darüber, wie das gehen könnte.

Ein großer Teil der Mütter und Väter meint, man müsse einem kleinen Kind einfach erklären, warum es dies oder jenes nicht darf, dann würde es sich schon daran halten. Leider funktioniert das nur sehr selten. Die Kinder hören zwar interessiert und mit großen Augen zu – aber im nächsten Augenblick fassen sie doch wieder an den verbotenen Gegenstand. Böser Wille? Sicher nur in ganz wenigen Fällen. Die wahre Ursache ist, daß die Kinder durchaus mitkriegen, was die Eltern da so ungefähr sagen, daß ein Kind aber bis zu seinem dritten Geburtstag große Schwierigkeiten hat, sich auch nach diesen Einsichten zu richten. Die Verlockung, doch wieder die Hand in die Blumenvase zu stecken, doch wieder nach der Fernbedienung des Fernsehers zu greifen, ist in diesem Alter einfach größer als der Wunsch und die Fähigkeit, den Eltern zu gehorchen. Wenn die Eltern dann mit einem Klaps auf die Finger antworten, mag das durchaus für kurze Zeit helfen. Das Kind ist verblüfft und für einen Moment von der Fernbedienung abgelenkt. Besonders die Unternehmungslustigen oder Willensstarken aber werden schnell wieder zugreifen.

Das ist dann meistens der Augenblick der absoluten Hilflosigkeit auf seiten der Eltern. Was jetzt? Noch mal klapsen, stärker klapsen? Dem Kind wirklich weh tun, auf die Gefahr hin, daß es wieder nicht gehorcht? Das ist eine sehr riskante Sache, und die Eltern spüren das auch. Aber dann taucht doch der Gedanke „Wehret den Anfängen“ auf, und daß es ja auch unumgänglich ist, den Kindern Grenzen zu setzen. Wie verträgt sich das alles miteinander?

Es verträgt sich durchaus! Einem Kind Grenzen zu setzen heißt nicht, daß das nur mit Schlagen geht. Wichtig ist nur, daß die Eltern es konsequent daran hindern, das zu tun, was es nicht tun soll. Warum die Fernbedienung nicht einfach außer Reichweite bringen und das Kind ablenken?

Ablenken ist bei kleinen Kindern unter drei Jahren kein feiges Ausweichen, wie manche Eltern meinen. Es ist das Mittel der Wahl!

Allerdings: Nicht immer lassen sich Kinder so leicht ablenken. Und nicht alles, was Kinder so brennend interessiert, kann man auch einfach außer Reichweite bringen. Dann bleibt oft nichts anderes übrig, als die Kinder aus dem Raum zu expedieren, auch wenn sie protestieren. Allerdings sollte man dem Kind zeigen: Ich verstehe deinen Kummer ja, aber es geht nun mal wirklich nicht anders.

Ein kleines Kind ohne Schläge zu erziehen heißt also keineswegs, alles zuzulassen. Wenn Eltern davon überzeugt sind, daß etwas nicht geht, müssen sie das auch durchsetzen und konsequent sein. Nein sollte auch Nein bleiben. Auch gegen Protest.

Feste Regeln machen Ausnahmen zu Feiertagen

Wochentage, Monate, Jahreszeiten bringen Struktur in unseren Alltag. Wir wissen, worauf wir uns einstellen müssen. Kinder, deren Zeitbegriff noch wenig ausgeprägt ist, empfinden es als Hilfe, wenn jeder einzelne Tag verläßlich strukturiert ist. Sie wollen wissen, worauf sie sich einstellen müssen. Regelmäßigkeit schafft Sicherheit.

Regelmäßigkeit – für den einen bedeutet das Zwang, Tretmühle, immer und immer wieder das gleiche. Für den anderen dagegen Halt, Sicherheit im Täglichen. Wissen, wo's langgeht. Jeder hat da seinen eigenen Standpunkt. Wenn es aber um kleine Kinder geht, dann meint ein großer Teil der Erwachsenen, wenigstens ihnen sollte man doch so lange es nur möglich ist den Zwang der Regelmäßigkeit ersparen. Mit dem Beginn des Kindergartens oder der Schule sei es dann ja sowieso vorbei mit der herrlichen Freiheit. Sollen die Kleinen sie also genießen, die Freiheit!

Aber so herrlich, wie uns Erwachsenen das scheint, ist die Freiheit gar nicht für sie. Denn Regelmäßigkeit gibt dem Tag ein Raster, macht ihn auch für Kinder durchschaubarer, kalkulierbarer. Dann nämlich, wenn sie zum Beispiel ganz bestimmt wissen, daß die Mutter jeden Tag am frühen Abend Zeit für eine Knuddelstunde hat. Daß sie die Geschichte von gestern noch einmal vorliest. Daß einmal in der Woche die Oma kommt, die ganz andere Dinge als die Eltern erzählt und mit ihnen spielt. Daß jeden Tag auch wirklich genug Zeit zum Spielen bleibt. Und vor allem, daß das allerwichtigste Ritual – sonntags morgens mit Mutter und Vater im Bett herumtoben zu können – strikt eingehalten wird. Da weiß ein Kind, was läuft, woran es sich halten, worauf es sich einstellen und worauf es sich freuen kann. Heute so und morgen alles wieder ganz anders, das verunsichert Kinder ungeheuer, weil sie sich anscheinend auf nichts verlassen können, weil alles in der Schwebe ist. Sie müssen ständig auf der Lauer liegen: Hat die Mama vielleicht irgendwann heute Zeit zum Spielen, zum Vorlesen oder nicht? Solche Ungewißheit macht unruhig und inaktiv. Sieht ein Kind keine reale Chance, daß die Mama Zeit für Zuwendung hat, dann wird es dadurch sehr unsicher. Das Kind versucht, sich die nötige Zuwendung durch Quengeln und Stören zu erzwingen. Es hat das Gefühl, nur dann wird es überhaupt beachtet. Die jungen Mütter müssen heute flexibel sein, schauen, wie sie mit Haushalt und Beruf über die Runden kommen. Das ist nicht immer leicht. Leider gibt es die Gelegenheit, ein Kind mal eben für eine Stunde bei einer liebevollen Nachbarin abzugeben, kaum noch. Also muß das Kind immer und überallhin mitgenommen werden. Zum Arzt, zum Einkaufen in den Supermarkt, in den Waschraum des Mietshauses. Das ist für alle Beteiligten – für Mutter und Kind – nicht sehr angenehm. Voller Wäschekorb im Treppenhaus, volle Tüten im Supermarkt, und immer ein kleines Kind an der Hand. Kein Wunder, wenn da die Nerven oft ganz schön angespannt sind. In solch stressigen Situationen ist es dann besonders wichtig, daß ein Kind ganz sicher ist, die Mutter hat später noch Zeit nur für mich allein. Zeit, in der sie nicht nebenbei bügelt, kocht oder liest. Schon eine einzige ritualisierte Spielstunde täglich, mit der das Kind verläßlich rechnen, auf die es sich freuen kann, gibt ihm so viel Sicherheit, daß es sich bis dahin auch anderen interessanten Dingen zuwenden kann.

Regelmäßigkeit hat nichts mit Drill oder einem starren Korsett zu tun, das immer nur drückt, das keinen Freiraum läßt. Um harmonisch zusammenzuleben, braucht es ein gewisses Maß an zeitlicher Ordnung, wenn auch jeden der Gedanke an die Freiheit – weg von allen täglichen Zwängen! – immer wieder überkommt: essen, wann man will, schlafen, wann man will, paradiesisch leben . . .

Manche Eltern versuchen, ihren Kindern die paradiesische Freiheit, wenigstens beim Zubettgehen, zu lassen. Sie dürfen aufbleiben, so lange sie wollen. Klappt das? Leider nur selten. Nur etwa 20 Prozent der kleinen Kinder bringen es fertig, ruhig und friedlich vor sich hin zu spielen, bis sie irgendwann todmüde umsinken. Die meisten Kinder werden nur immer müder, immer unausstehlicher und finden dann vor lauter Müdigkeit den Dreh zum Einschlafen überhaupt nicht mehr. Der Tag endet ungut für alle. Die Kinder sind überfordert von soviel Freiheit. Da ist es schon besser, durch ein liebevolles Einschlafritual immer zur gleichen Zeit die Kinder allmählich an einen festen Rhythmus zu gewöhnen. So lernen sie auch am ehesten, die Zeit zwischen Zubettgehen und Einschlafen zu überbrücken.

Eine wichtige Rolle spielt die Frage der Regelmäßigkeit natürlich bei den Babys. Soll man nach einem festen Zeitplan füttern, wie das früher üblich war? Oder „nach Bedarf"? Also dann, wenn das Baby signalisiert: Ich habe Hunger. Zweifellos ist die jüngere Methode, das Füttern nach Bedarf, für alle Beteiligten besser und praktischer. Erst im letzten Drittel des ersten Lebensjahres ist es wohl sinnvoll, allmählich auf eine gewisse Regelmäßigkeit hinzusteuern und vor allem auf nächtliches Füttern zu verzichten. „Bedarf", also Hunger, haben die Kinder dann nämlich nicht mehr. Regelmäßigkeit gibt den Kindern Halt und Sicherheit. Aber daraus sollte nie ein sturer Zwang werden. Die schönsten Tage sind auch für Kinder die, an denen die Eltern jeden Alltagsrhythmus über den Haufen werfen und beschließen: Heute machen wir alles anders! Aber solche „Regelverletzungen" sind nur dort möglich, wo es tatsächlich Regeln gibt.

Großeltern und Eltern müssen am selben Strang ziehen

Weil sich Eltern für die Zukunft ihrer Kinder verantwortlich fühlen, reagieren sie oft viel strenger, als es eigentlich notwendig wäre. Ganz anders Großeltern! Sie waren einmal verantwortungsbewußte Eltern und genießen es jetzt um so mehr, ihre Enkel nach Herzenslust zu verwöhnen. Die Verantwortung schieben sie den Eltern zu, nicht immer zu deren Freude.

Großeltern – ein Segen. Aber nicht immer. In den Bilderbüchern sehen sie noch immer so aus wie früher: Die Oma hat graue Haare, einen Knoten und strickt. Der Opa sitzt hinter dem Ofen und raucht eine Pfeife. Die Großeltern der Wirklichkeit sind ganz anders: jung geblieben, agil, modisch, unternehmungslustig. Und zum großen Teil berufstätig. Beide. Sind Großeltern heute also für die Enkelkinder nichts weiter als noch mal Papa und Mama, nur ein wenig älter? Ganz gewiß nicht. Großeltern sind anders – das spüren schon die kleinen Kinder. Und sie fühlen sich fast immer sehr hingezogen zu diesen Eltern der eigenen Eltern. Was macht dies Anderssein aus, das Kinder so einnimmt? Vor allem ist es die Ruhe, die die meisten Großeltern ausströmen. Bei ihnen geht es nicht mehr so hektisch zu, selbst wenn sie noch arbeiten. Sie haben viel mehr Zeit für ihre Enkel – oder nehmen sich einfach mehr Zeit. Sie haben auch viel mehr zu erzählen. Wissen lustige oder spannende Geschichten von früher: Wie die Mama als Kind sich verlaufen hatte oder wie der Papa mit seinem Kommunionanzug in den Froschtümpel gefallen ist. Aber sie können auch zuhören, wenn die Enkel ihre eigenen Phantasiegeschichten erzählen, vom Kindergarten oder der neuen Lehrerin, die so schöne Augen hat.

Und dann: Sie haben meist mehr Geld als die Eltern und sind auch bereit, mehr davon zu spendieren – für ein zweites Eis, für eine dritte und vierte Fahrt mit dem Karussell oder ein neues Kleid für die Barbiepuppe.

Und nicht nur aus der Sicht der Enkelkinder sind die Großeltern große Klasse – auch die meisten Eltern profitieren viel von ihnen: wenn sie mal alleine in Urlaub wollen, wenn es um die Finanzierung des neuen Autos geht. Vor allem aber übernehmen sehr viele Großmütter den zuverlässigen Job als „Tagesmutter" oder Babysitter. Fast 50 Prozent der Kinder von berufstätigen Müttern werden von der Oma betreut! Für viele Mütter wäre der Wiedereinstieg in den Beruf gar nicht möglich ohne die Großmütter. Eine heile Großeltern-Eltern-Kinder-Welt also, in der immer nur die Sonne scheint? Leider nicht. Denn selbst hier, wo soviel Liebe, Zuneigung und Zuwendung am Werk sind, gibt es Schatten. Bisweilen eine gehörige Portion.

So gut die Zusammenarbeit der unterschiedlichen Generationen in vielen Familien auch klappt, gelegentlich gibt es doch Ärger, Zank und Krach. Dabei ist der Krach, der wirklich ausgetragen wird, noch eher harmlos. Viel schlimmer ist das Zusammenleben dort, wo die Zerwürfnisse nur schwelen, wo nur gestichelt und angedeutet, aber der Grund des Konfliktes nie beim Namen genannt wird.

Einer der häufigsten Gründe für Probleme zwischen den Generationen: Die Großeltern verwöhnen die Enkel zu sehr. Materiell und in der Erziehung. Großeltern neigen durch die Bank dazu, Enkel mit Geschenken zu überschütten. Sie können es sich ja leisten und meinen es ja auch nur gut.

Wie wenig sie damit den Überbeschenkten einen Gefallen tun, ahnen sie meist gar nicht. Die elektrische Eisenbahn zu früh, zu groß. Das Ergebnis: Das Kind kommt nicht damit klar, kann nicht alleine damit spielen, braucht immer den Vater dazu und findet die schöne Eisenbahn bald nur noch blöd, sonst gar nichts. Oder: das Fahrrad, zu früh, mit zu vielen Gängen. Das Kind kann es noch nicht richtig beherrschen, heult dauernd unzufrieden.

Und dann die Dutzende von kleinen und doch viel zu großen Mitbringseln. Das dicke Malbuch, die neuen Superstifte und noch ein Plüschtier und noch ein Auto und noch eine Puppe.

Daß die meisten Kinder um so weniger spielen, je mehr Spielzeug sie haben, das glauben viele Großeltern leider nicht. Überhaupt: Sie haben meist sehr viel vom Aufwachsen ihrer Kinder vergessen. Wie lange dauert es, bis ein Kind sauber ist?

Gingen ihre Kinder nicht schon viel früher auf den Topf? Und wie ist das mit dem Sprechen, müßte der Zweijährige nicht schon längst in ganzen Sätzen reden? Und waren die Kinder nicht früher artiger, höflicher, folgsamer?

In der Erinnerung schrumpfen die Zeiten sehr leicht, und die Vorstellungen darüber, wie man ein Kind am besten erzieht, die haben sich auch geändert.

Das wäre jedoch alles nicht weiter schlimm, wenn die Großeltern sich damit abfinden könnten, daß nun nicht mehr sie es sind, die sagen, wo's langgeht, sondern ihre Kinder. Daß in puncto Erziehung die Eltern es sind, die die Richtlinien bestimmen, und nicht die Großeltern. Nur auf dieser Basis läuft nämlich der positive Kontakt zwischen mehreren Generationen. Es wird auf Dauer wirklich alles sehr schwierig, wenn die Großeltern meinen, sie wüßten alles besser, sie müßten den vermeintlich falschen Erziehungsmethoden der jungen Eltern ihre eigenen entgegensetzen, sie müßten ständig die Gebote und Verbote der Eltern unterlaufen.

Natürlich geht ein Dreijähriges gerne jeden Tag dreimal nach nebenan zu den Großeltern, wenn es dort immer den Fernseher aufdrehen darf. Aber ein Gefallen ist damit niemandem getan. Am allerwenigsten dem Kind. Denn ein kleines Kind, dem man beibringt, wie es die Erwachsenen gegeneinander ausspielen, wie es die eigene Mama austricksen kann, das weiß bald überhaupt nicht mehr, woran es sich halten soll.

Das alles heißt nun wirklich nicht, daß Großeltern nicht ihre Enkel ein bißchen verwöhnen dürfen. Aber die Betonung muß auf „ein bißchen“ liegen.

Und: Die beste Art der Verwöhnung ist nicht die mit Geld, mit Geschenken und Nachgiebigkeit, sondern die Verwöhnung mit Ruhe, Zeit und Geduld. Großeltern, die im Umgang mit ihren Enkeln diese Dinge in den Vordergrund stellen, sind ein Segen für alle.

Reizthema Fernsehen: Feste Regeln für Große und Kleine vermindern den Kampf um die Einschalttaste

Heimkommen, setzen, Fernseher einschalten. Viele Kinder erleben dieses Ritual tagtäglich an ihren Vätern oder anderen nahestehenden Personen. Es wäre zwecklos, von diesen Kindern einen minimalen Fernsehkonsum zu erwarten.

Eltern, die das Medium Fernsehen positiv nützen wollen, müssen ihre Kinder anleiten, Filme auswählen, Zeiten festsetzen und selber Vorbild sein.

Es gibt nur wenige Erziehungsthemen, bei denen die Meinungen der Psychologen so stark auseinandergehen wie beim Thema Fernsehen. Selbst im Mutterland des Fernsehens, in den USA, herrscht zum Teil erbitterter Streit. Marie Wynn, eine bekannte Autorin, nannte das Fernsehen eine gefährliche Droge, während der große Kinderpsychologe Bruno Bettelheim einem seiner letzten Bücher den provozierenden Titel gab „Kinder brauchen Fernsehen". In der Tat haben beide Seiten gute Argumente. Sehen wir uns zunächst einmal die Pro-Seite an. Das Wichtigste, was von dort ins Feld geführt wird, lautet:

- Kinder bekommen durchs Fernsehen eine Menge wichtiger Information. Der Wissensstand von Kindern, die fernsehen, ist viel höher als der von Kindern, die nicht fernsehen dürfen. Vor allem ihre politischen Kenntnisse sind erheblich größer.
- Kinder erhalten durchs Fernsehen sehr viele Anregungen, die sie zum Nachspielen veranlassen.
- Fernsehen erhöht bei Kindergarten- und Schulkindern die Kommunikationsmöglichkeiten, weil sie immer Gesprächsstoff haben. Das fördert ihre Fähigkeit, sich auszudrücken.
- Sie hören im Fernsehen zum Teil eine ganz andere Ausdrucksweise als zu Hause. Das ist besonders für die Familien von großem Vorteil, in denen normalerweise nur Dialekt gesprochen wird.
- Hinzu kommt noch das Argument, daß es in einer Umwelt, in der Fernsehen zum Alltag gehört, falsch wäre, einzelne Kinder davon auszuschließen. Sie müßten sich bald wie Außenseiter vorkommen.

Aber auch die Leute, die das Fernsehen nicht gut für Kinder halten, haben ihre Gründe. Die wichtigsten:

- Kinder, die viel fernsehen, verlieren den Bezug zur Realität.
- Der Tag der Kinder ist einfach nicht lang genug, als daß sie auf so viel Zeit verzichten könnten, wie das Fernsehen beansprucht. Sie haben Dinge zu tun, die wichtiger für sie sind, als passiv stundenlang vor der Glotze zu sitzen: Sie müssen spielen, eigene Erfahrungen machen, aus dem direkten Umgang mit Menschen und Tieren und Dingen lernen, statt ein Leben aus zweiter Hand zu leben.
- Die Kinder werden mit einer Überfülle von Reizen zugeschüttet, mit Unverdaulichem und häufig sogar mit höchst Bedrohlichem vollgestopft.
- Sie haben nicht mehr genügend Zeit, Dinge zu tun, die für Kinder beinahe jeden Alters unerläßlich sind – sie haben keine Zeit mehr zu toben und zu träumen. Kurzum, die Glotze macht krank, dick und phantasielos.

Und wer hat nun recht, die Gegner oder die Befürworter? Wo Meinungen derart auseinandergehen, kommt man meist nur dann zu klareren Aussagen, wenn man differenziert. Das heißt in diesem Fall vor allem: Welche Rolle spielt das Alter der Kinder, und wie lange sollen Kinder fernsehen, damit die positiven Wirkungen überwiegen?

Zuerst zum Alter. Dieses Buch beschäftigt sich vor allem mit kleinen Kindern, und deshalb ist es in diesem Zusammenhang ganz wichtig, auf folgendes hinzuweisen: Kleine Kinder im Vorschulalter sind nicht in der Lage, zwischen der Wirklichkeit und dem zu unterscheiden, was auf dem Bildschirm abläuft. Mehr noch, sie können auch lange Zeit Wirklichkeit und Phantasie nicht genau voneinander trennen. Für sie ist weitgehend alles wirklich: das, was sie real erleben, das, was sie auf dem Bildschirm sehen, und zusätzlich auch noch das, was sich in ihrer Phantasie abspielt. Für ein zweijähriges Kind sind der Mann und die Frau auf der Mattscheibe echt, die „wohnen" da drin, und die Kleinen sind ganz sicher, daß sie von denen auch selber gesehen und beobachtet werden.

Noch etwas macht Fernsehen für kleine

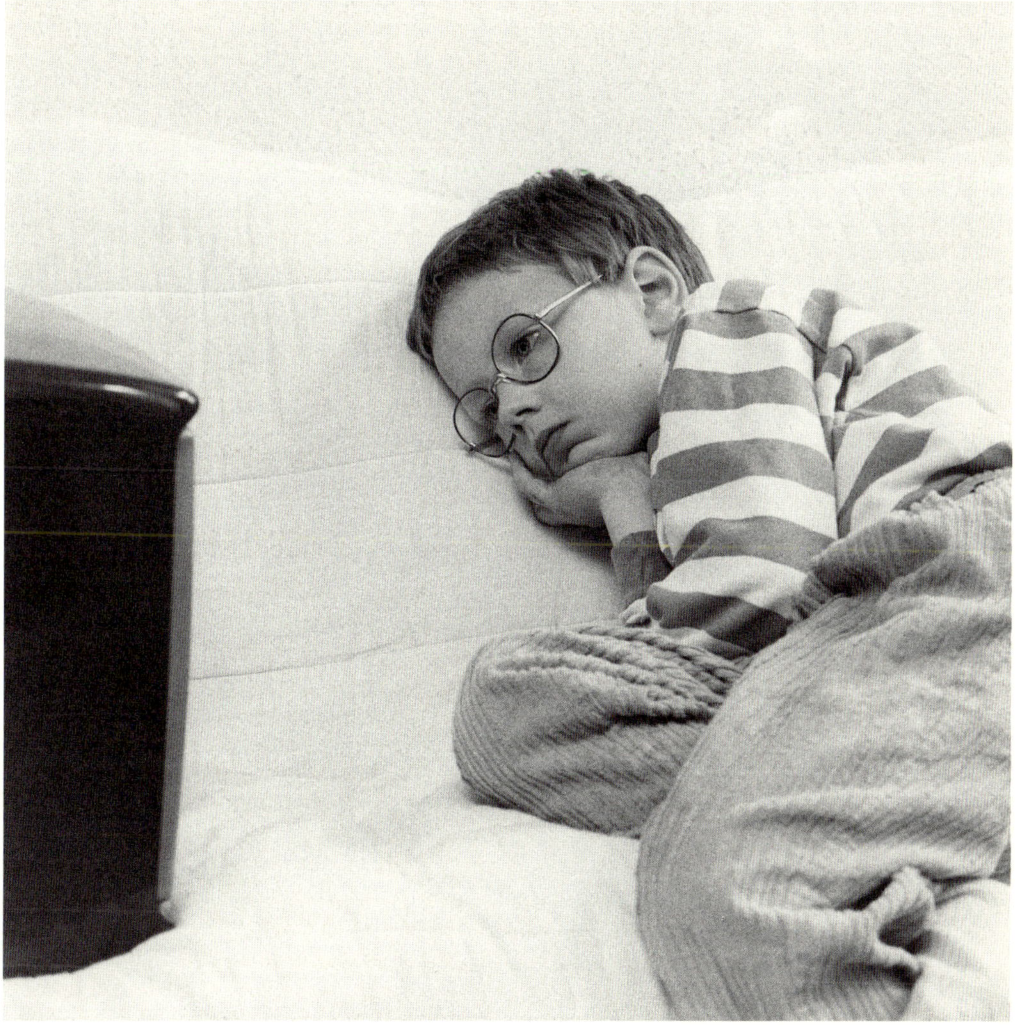

Kinder so verwirrend: Erst mit etwa fünf Jahren sind sie fähig, sich in andere Personen und deren Gefühle hineinzuversetzen. Bis dahin sehen sie immer nur sich selbst im Mittelpunkt von allem. Vorschulkinder sind auch nicht in der Lage, dem schnellen Bildwechsel in normalen Filmen zu folgen, sie sehen noch keinen Zusammenhang zwischen den einzelnen Szenen. Rasche Bildschnitte überfordern sie völlig. So nehmen sie von den normalen Erwachsenen-Filmen nur zusammenhanglose Handlungsfetzen wahr, die in ihrem Kopf keinerlei Sinn ergeben. Erst mit etwa sieben Jahren sind Kinder in der Lage, die einzelnen Bilder und Szenen miteinander zu verknüpfen und einen Sinn, eine Handlung darin zu erkennen. Gewiß, kleine Kinder, die stumm und gebannt vor dem Bildschirm sitzen, erwecken oft den Eindruck, sie würden alles mitkriegen, was da vor ihnen herunterflimmert. Aber dieser Eindruck ist falsch. Verständlich, daß dieses Durcheinander eine Menge Verwirrung im Kopf eines kleinen Kindes anstiften kann. Daß Kinder danach schlecht schlafen, ist nun wirklich kein Wunder. Und sicher ist dieser Wirrwarr mit ein Grund dafür, daß sie im Kindergarten und in der Schule immer aggressiver werden.

So kommen wir zu einem zusätzlichen Punkt, der von vielen Psychologen gegen das Fernsehen angeführt wird – es macht aggressiv. Und zwar aus zwei Gründen. Erstens wegen der vielen Aggressionen, die dort in Krimis, in Nachrichtensendungen, in Sportreportagen zu sehen sind; und zweitens wegen der Verwirrung, die es in den Gehirnen der kleinen Kinder anrichtet. Seit langem klagen Lehrer und Erzieherinnen darüber, daß die Kinder besonders am Montagvormittag voller Aggressionen stecken. Die Erklärung, das liege am erhöhten Fernsehkonsum, der am Wochenende aufs Doppelte ansteigt, scheint plausibel.

Wie kommt man aus diesem Dilemma heraus? Wie kann man verhindern, daß Kinder von der offenbar unumgänglichen, aber doch recht gefährlichen Droge Fernsehen mehr mitbekommen, als ihnen guttut? Letzten Endes nur durch das Vorbild. Kinder brauchen für alle Lebensbereiche Leitbilder. Auch für den Umgang mit dem Medium Fernsehen. In Familien, in denen gedankenlos der Fernseher eingeschaltet wird und vielleicht sogar nur als Geräuschkulisse läuft, werden Kinder nicht einsehen, warum sie nicht auch das Recht haben, zu sehen, wann immer es ihnen beliebt. Nur Eltern, die selber ganz bewußt auswählen, sind in der Lage, bei ihren Kindern ein ähnliches Fernsehverhalten durchzusetzen.

Darüber hinaus brauchen kleine Kinder aber auch direkte Hilfe. Sie müssen lernen, wie man aus dem passiven Zuschauen aktives Spiel machen kann. Dabei müssen die Eltern unbedingt vermitteln. Zunächst bei der Auswahl der richtigen, für das Alter des Kindes passenden Sendungen. Und dann, indem sie mit ihren Kindern über die Sendung sprechen und Anregungen geben, wie das Kind das Gesehene im eigenen Spiel verarbeiten könnte. Das ist gewiß oft mühsam, aber nur so kann Fernsehen wirklich die erwünschte positive Wirkung haben.

Auch beim Umgang mit dem Fernseher zeigt sich, daß es sich lohnt, am Anfang besonders viel Zeit zu investieren. Wenn Kinder sich nämlich erst einmal daran gewöhnt haben, daß der Apparat nicht einfach aus Langeweile eingeschaltet wird und daß die Eltern hinterher ein bißchen Zeit haben, über das Gesehene zu reden, dann wird daraus bald eine Selbstverständlichkeit. Auch dann wird es nicht ohne Reibereien und Kämpfe abgehen – dazu ist die Versuchung Fernsehen einfach zu groß. Aber die Kinder werden eher bereit sein, Regeln einzuhalten.

Wieviel Fernsehen – täglich – für welches Alter?

2	Jahre	höchstens	5–8	Minuten	mindestens zwei fernsehfreie Tage in der Woche
3	Jahre	höchstens	15	Minuten	
4	Jahre	höchstens	30	Minuten	
5	Jahre	höchstens	35	Minuten	
6	Jahre	höchstens	1	Stunde	mindestens einen fernsehfreien Tag in der Woche
7/8	Jahre	höchstens	$1\frac{1}{2}$	Stunden	
9/10	Jahre	höchstens	$1\frac{3}{4}$	Stunden	
11	Jahre	höchstens	2	Stunden	
12	Jahre	höchstens	$2\frac{1}{4}$	Stunden	
13/14	Jahre	höchstens	$2\frac{1}{2}$	Stunden	

Empfohlen von Prof. Dr. Heribert Heinrichs, Hildesheim.

Nicht jede Förderstunde fördert das Kind wirklich: Kopf, Herz und Hand sollten sich entfalten können

Je mühsamer Eltern ihren Alltag, ihre berufliche Situation, ihr soziales Leben empfinden, desto sehnlicher wünschen sie sich, daß ihre Kinder es einmal besser haben sollen!

Da hilft scheinbar nur eines: früh trainieren, früh Leistung bringen, früh besser sein als alle anderen.

Dabei bleibt das Kindsein oft auf der Strecke.

Kinder brauchen Anregungen, daran kann es keinen Zweifel geben. Der Kopf entwickelt sich nicht von allein. Auch die schönsten angeborenen Anlagen können sich nicht entfalten, bleiben vielleicht sogar gänzlich unentdeckt, wenn ein Kind nicht die Möglichkeit hat, sie zu üben. So alt diese Weisheit ist, erst in diesem Jahrhundert begriffen die Pädagogen, daß es nicht nur bei einem kleinen Mozart sinnvoll ist, sehr früh mit der Förderung zu beginnen, und nicht etwa bis zum Schulalter abzuwarten. Gründliche psychologische Forschung kam zu dem Ergebnis, daß schon Kinder im Vorschulalter höchst komplizierte Sachverhalte begreifen, sehr komplexe Lerninhalte speichern können. Man kann schon drei- oder vierjährigen Kindern Lesen und Rechnen beibringen, wenn man es mit der richtigen Methode betreibt. Ebenso sind sie für physikalische oder biologische Experimente zu begeistern.

Diese Erkenntnisse führten in den sechziger und siebziger Jahren zu einer wahren Vorschuleuphorie. In Kursen, Fernsehsendungen, Büchern, Spielen und auf hundert andere Arten versuchte man, dies bis dahin weitgehend ungenützte Potential zu wecken – und schoß dabei meilenweit über das Ziel hinaus! Es gab damals kaum einen Kindergarten, in dem die Kleinen nicht über sogenannten Vorschulbögen zur frühen geistigen Förderung brüteten, kaum ein Kinderzimmer, in dem nicht Lernspiele herumlagen. Wie problematisch diese Förderwut war, wurde spätestens dann deutlich, als immer mehr Kinder in die Schulen kamen, die bereits Lesen und Schreiben und Rechnen konnten. Sie langweilten sich nämlich nun im Unterricht bald zu Tode und wußten gar nicht, wie sie die Zeit rum kriegen sollten. Als sich dann auch noch herausstellte, daß der Vorsprung der vorschul-getrimmten Kinder in der Schule nach wenigen Jahren wieder gegen Null geschrumpft war, brach die ganz frühe Förderungseuphorie in sich zusammen.

Heißt das, daß es falsch ist, Kinder schon frühzeitig zu fördern? Keineswegs. Falsch ist es nur, einfach die ganz normalen Schulstoffe über ihnen auszukippen. Was die Kinder im Vorschulalter brauchen, ist nicht ein vorgezogener Unterricht im Rechnen und Schreiben, sondern ein breites Spektrum an Anregungen, dargeboten in einer amüsanten, spielerischen Form. In den meisten Kindergärten versteht man es heute sehr gut, solche Anregungen zu bieten. Noch wichtiger als das, was ein Kind im Kindergarten mitbekommt, sind jedoch die Anregungen und Impulse, die es zu Hause erhält. Eine auf Ausgewogenheit angelegte Förderung der Kinder sollte vier Bereiche berücksichtigen:

1. den manuellen Bereich. Er umfaßt alle Tätigkeiten, bei denen ein Kind die Geschicklichkeit seiner Hände trainieren kann, also Basteln, Schneiden, Kneten, Malen, Falten und so weiter. Da die Physiologie klare Zusammenhänge nachweisen konnte zwischen dem Handtraining kleiner Kinder und ihrer Hirnentwicklung, sollte man die positive Wirkung solcher scheinbar unwichtigen Spielereien keineswegs unterschätzen.

2. den bildlichen Bereich. Daß Kinder Bilderbücher brauchen, ist allen Eltern klar. Sie brauchen diese Bücher aber nicht nur zur Unterhaltung oder damit sie beschäftigt sind und niemandem auf die Nerven gehen. Sie sollten mit Hilfe solcher Bücher frühzeitig, das heißt schon vom zweiten Lebensjahr an lernen, die Sprache der Bilder zu verstehen. Es ist nämlich anfangs gar nicht so einfach und selbstverständlich für ein Kind, in einem roten Kreis mit ein paar gelben Punkten einen Ball zu erkennen oder in einem Gebilde aus ein paar Strichen einen Menschen. Das muß ein Kind üben. Und deshalb ist es gut, wenn es Bilderbücher mit unterschiedlichen Illustrationen zur Verfügung hat. Natürlich darf man es mit diesen Büchern nicht immer allein lassen. Nur wenn die Erwachse-

nen sich die Zeit nehmen, gemeinsam mit ihren Kindern auch die simpelsten Bilderbücher anzusehen und darüber zu sprechen, erzielen sie ihre volle fördernde Wirkung. Wenn ein Kind es auf diese Weise erst einmal gelernt hat, Bilder zu lesen, kann man es auch mit anderen Bildern konfrontieren. Das können sogar „alte Meister" in einem Museum sein, denn auf deren Bildern ist oft sehr viel los. Wichtig ist dabei nur, daß man sich und den Kindern Zeit dafür läßt – und daß die Bilder „stabil" sind, also nicht flüchtig auf einer Mattscheibe vorüberflimmern.

3. den akustisch-musikalischen Bereich. Hierzu gehört zunächst einmal alles, was Krach macht, also auch das Trommeln mit den Bauklötzen oder das Topfdeckelkonzert. Aber ebenso natürlich das Schlaflied, zu dem leider immer mehr Müttern und Vätern der Mut fehlt angesichts der Perfektion, die aus den Lautsprechern kommt. Der Komponist und Musikpädagoge Carl Orff hat sehr eindringlich gezeigt, wie wichtig für alle Musik nicht nur die Melodie, sondern auch der Rhythmus ist. Sein musikalisches „Schulwerk" beginnt deshalb mit rhythmischem Klatschen. Das kann man zu Hause auch ohne große Musikkenntnisse nachahmen. Außerdem gibt es von Orff wunderschöne Platten mit „Musik für Kinder". Das Instrumentarium, das er für seine musikpädagogischen Zwecke entwickelt hat, findet sich inzwischen in vielen Kindergärten.

4. den sprachlichen Bereich. Er ist der weitaus umfassendste und beginnt schon beim ganz normalen Umgang mit dem Baby, das von den Eltern in Worten regelrecht „gebadet" werden sollte und endet – eigentlich nie! Denn die Sprache ist ein Instrument, von dem nie jemand behaupten könnte, er beherrsche es wirklich perfekt und könne nichts mehr dazulernen. Klar ist, daß man mit Kindern von Anfang an viel reden sollte – natürlich ohne sie totzureden. Man sollte ihnen auch regelmäßig vorlesen. Erst nur die kleinen Texte in den Bilderbüchern, später, etwa ab drei Jahren, auch kurze Geschichten, die nicht illustriert sind. Eltern sollten sich auch nicht scheuen, von sich selbst zu erzählen, auch von ihrer eigenen Kindheit. Mit Babys darf man übrigens – entgegen einer weitverbreiteten Ansicht – getrost in der Babysprache sprechen. Das klingt viel sanfter und liebevoller und wird von den Kindern in der Tat leichter verstanden. So ab dem ersten Geburtstag etwa ist es Zeit, der richtigen „Erwachsenensprache" den Vorzug zu geben. Auch wenn Eltern ganz automatisch einfachere Sätze bevorzugen und sich fast intuitiv dem Entwicklungsniveau der Kinder anpassen. Aber Sprechen ist ja keine Einbahnstraße, die nur von den Eltern zum Kind führt. Mindestens ebenso wichtig ist für uns Erwachsene die Fähigkeit, den Kindern zuzuhören. Nur ein Kind, das das Gefühl hat, die Eltern interessieren sich für das, was es sagen möchte, wird wirklich gut sprechen lernen. Daß der größte Teil der ganzen Kommunikation zwischen Menschen auf dem Umweg über die Sprache erfolgt, erhöht ihre Bedeutung noch zusätzlich. Ein Mensch, der gut mit Sprache umgehen kann, der es gelernt hat, sich anderen gegenüber verständlich zu machen und ihnen zuzuhören, hat – was immer er sonst tut oder kann – ein erhebliches Plus. Deshalb lohnt es sich, alles zu tun, um ein Kind zu Hause sprachlich zu fördern.

Bei den erwähnten vier Bereichen war bisher fast nur von der häuslichen Förderung die Rede. Nun gibt es aber für Kinder, auch und gerade im Vorschulalter, jede Menge an Kursen, in denen Kinder gefördert werden. Es gibt Malkurse und Musikkurse, es gibt Tanz und Ballett, Bastelschulen, Singschulen, Turnunterricht und wer weiß was sonst noch alles. Und eine Weile gehörte es fast zum guten Ton, daß ein Kind mindestens drei solcher Kurse in der Woche besuchte. Die Mütter, die in ihrer Ei-

genschaft als rasende Transportunternehmerinnen ihre Kinder von einem Kurs zum anderen karrten, waren den Verkehrsexperten ein Graus: Sie fuhren nämlich am schnellsten und riskantesten an Schulen und Kindergärten vorbei! Mittlerweile ist diese Welle zum Glück abgeklungen. So schön es für ein Kind ist, einen, maximal zwei Kurse pro Woche zu haben – alles, was darüber hinausgeht, ist reiner, schädlicher Streß, nichts als Überforderung. Schließlich ist es keineswegs sinnvoll, ein Kind nur ständig zu puschen und anzutreiben und anzufüllen. Ein Kind muß auch Muße haben, um zu verdauen. Und auch, um zu träumen und mal in sich selbst hineinzuhören. Denn auch da gibt es allerhand zu erlauschen.

Geschwister brauchen oft mehr Zeit als Eltern glauben, damit sich Eifersucht in Liebe wandelt

Die meisten Kinder wünschen sich Geschwister. Taucht aber plötzlich so ein Baby auf, ist die Enttäuschung groß: Es ist viel zu winzig, schreit bei jeder Gelegenheit, ist alles andere als ein spielbereiter Kumpel und beschäftigt obendrein noch die Eltern in nahezu unverschämter Weise. Ist der Gedanke an Umtausch wirklich so abwegig?

Liebe und Geduld, Zeit und Zuwendung bringen die Geschwister allmählich einander näher.

Wie Hund und Katz, wie Katz und Maus können Geschwister untereinander sein. Ständig in Machtkämpfe verwickelt, durchaus nicht zimperlich in ihren Methoden. Aber sie wissen auch ganz genau, was sie aneinander haben, was für ein Bollwerk sie gegen die Eltern sein können, wenn es sich um ihre gemeinsamen Interessen dreht. Worum geht es beim Geschwisterstreit, wenn die Kleinen mit allen Mitteln, die sie bis jetzt beherrschen, gegeneinander kämpfen? Es ist vor allem Neid. Ein Ringen um die Vormachtstellung in der Familie. Und das wichtigste Motiv ist: Eifersucht. Es ist die Liebe der Eltern, um die immer und immer wieder mit harten Bandagen gerungen wird. Denn jedes Kind möchte die ganze Liebe der Eltern für sich ganz alleine. Es kann nicht genug davon bekommen, und diese Liebe zu teilen, das fällt schrecklich schwer.

Besonders, wenn man als Erstgeborenes zunächst das ein und alles der Eltern ist, und dann plötzlich eine kleine Konkurrenz ins Haus kommt. Eltern machen in dieser Situation, wenn aus der Dreier- eine Viererbeziehung wird, allzuoft einen gravierenden Fehler. Sie erwarten, daß ihr Erstgeborenes freudig auf das Geschwisterchen reagiert, es sofort innig liebt, daß es die Liebe der Eltern, die ihm bis dahin alleine gehörte, geschwisterlich teilt. Und natürlich auch allen anderen heiligen Besitz.

Da taucht so ein kleines Baby auf, mit dem das größere Kind überhaupt noch nichts anfangen kann! Dabei war ihm doch vorher gesagt worden, daß es einen Spielkameraden bekommt. Aber statt dessen nimmt dieses schreiende Etwas die heißgeliebte Mutter ganz heftig in Anspruch. Die Mutter hat jetzt kaum noch Zeit für das größere Kind. Und da soll es sich freuen! Ist es verwunderlich, wenn dann ein Dreijähriger seiner Mutter ernsthaft vorschlägt: „Bringen wir doch das Baby weg, dann haben wir beide endlich wieder Ruhe für uns!“ Die Mutter ist entsetzt über ihren herzlosen Jungen, wie kann der nur so böse und egoistisch reagieren? Aber hinter so einem Satz steht nichts als der große Kummer eines Kindes, das fürchtet, nicht mehr die ganze Liebe seiner Mutter zu besitzen. Warum brauchen die Eltern ein neues Kind, denkt es, gefalle ich ihnen vielleicht nicht mehr? Lieben sie mich am Ende nicht mehr? Zermürbende Fragen und Ungewißheiten für ein kleines Kind, das ja noch nicht ausdrücken kann, was es empfindet.

Eifersucht ist eine Grunderfahrung von Kindern mit Geschwistern, aber sie ist für die Eltern nicht immer leicht erkennbar. Oft kommt sie verschlüsselt, getarnt daher. Da behauptet eine Mutter mit Überzeugung, ihr Kind sei auf das neuangekommene Baby überhaupt nicht eifersüchtig. „Es streichelt das Kleine, macht mich aufmerksam, wenn es quengelt, ist liebevoll besorgt um das Baby.“ Dieselbe Mutter wundert sich aber, daß ihr Großer seit einiger Zeit besonders aggressiv ist, wenn etwas nicht klappt, wenn er etwas nicht bekommt. Manchmal schlägt er die Mutter sogar. „Aber mit dem Baby hat das wirklich nichts zu tun“, sagt sie voller Überzeugung. Eine andere Mutter klagt darüber, daß ihre schon trockene Große plötzlich wieder in die Hose macht. Sie ist aber felsenfest davon überzeugt, daß es keinen Zusammenhang zwischen den nassen Hosen und der Eifersucht auf das Baby gibt.

Eifersucht zeigt sich aber nicht nur da, wo ein großes Kind ein kleines Geschwisterchen beißt oder kratzt. Auch da, wo ein älteres Kind vor dem Zimmer, in dem das Baby schlafen soll, rumort, oder wo es die Innigkeit von Mutter und Baby beim Stillen nicht ertragen kann, steckt Eifersucht dahinter. Was läßt sich da tun? Vor allem ist es wichtig, die Wurzel zu erkennen und zu akzeptieren. Verständnis dafür zu entwickeln und nicht dagegen anzugehen, wenn ein schon recht selbständiges Kind plötzlich wieder aus der Babyflasche trinken, wieder gewickelt werden will oder

nervt, weil es nur noch in der Babysprache spricht. Wenn die Eltern dann keine Vorhaltungen machen, nicht strafen – „Dazu bist du doch wirklich schon zu groß, schäm dich!“ – dann signalisieren sie ihrem Kind: Wir verstehen deinen Kummer ja, wir lieben dich genauso wie das Kleine. Die Liebe spüren, darin eingehüllt sein, das ist Balsam für die Seele aller Erstgeborenen, die viel zu leicht und leichtfertig von ihrer Umgebung überfordert werden. Plötzlich groß und vernünftig sein zu müssen, zusehen zu müssen, wie alle Erwachsenen nur noch das Kleine bestaunen, das schaffen die meisten nicht.

Am stärksten ist die eifersüchtige Reaktion auf ein Geschwisterchen in dem Alter, in dem ein Kind noch ausschließlich in der häuslichen Umgebung ist, ganz auf die Mutter bezogen lebt. Hat ein Kind dagegen schon eine eigene Erlebniswelt, ist es schon im Kindergarten, hat es schon eigene Spielkameraden, dann ist es eher in der Lage, sich gegen den neuen Eindringling in der Familie abzusetzen.

Es dauert eine ganze Weile, bis Geschwister so richtig etwas miteinander anfangen, miteinander spielen können oder bis sie zumindest gegenseitig ihre Kreise akzeptieren und nicht wild und zerstörerisch in die Welt des anderen einbrechen. Es gibt da eine typische Szene, die zwischen den Geschwistern besonders feindliche Gefühle aufkommen läßt, einen ganz alltäglichen, immer wiederkehrenden Ablauf: Das größere Kind spielt schon intensiv, konstruktiv. Es nimmt sein Spiel ernst und ist gerade voll dabei, ein schwieriges Brückenbauproblem zu lösen. Da kommt das niedliche Kleine angekrabbelt. Die Erwachsenen stehn begeistert um das Krabbelkind herum und finden es auch noch witzig, wenn es die mühsam aufgebaute Konstruktion des größeren Kindes zerstört. Da soll kein Groll hochsteigen, zumal wenn die Eltern dann auch noch verlangen, für die niedliche Tolpatschigkeit des Brüderchens Verständnis zu haben: „Du bist ja der Große, Vernünftige!"

Wenn den Älteren so etwas immer und immer wieder passiert, reagieren sie entweder mit Aggression oder sie resignieren. Meist gehen die Älteren als die Verlierer aus solchen Situationen hervor. Was den Groll gegen die Kleinen nur schürt.

Je älter die Kinder werden, um so mehr stabilisiert sich dann das Verhalten der Geschwister untereinander. Wenn das Kleinere anderthalb ist, ist das Schlimmste meist überstanden. Es geht auch dann nicht ohne Streit und Kämpfe ab, aber es ist nicht mehr ausschließlich ein Ringen um die Zuwendung und Zärtlichkeit der Eltern. Was bis dahin mehr unterschwellig als Geschwisterkampf lief, wird nun mehr offener, lärmender Streit, der die Eltern oft nervt und sie fragen läßt: Hassen sich denn unsere Kinder?

Aber Geschwister können sich im einen Moment auf das heftigste befehden und kurz darauf wieder völlig einig sein. Plötzlicher Neid auf einen tollen Kugelschreiber oder ein neues Spielzeug kann sie in Sekundenschnelle auf die Palme bringen, aber gleich darauf zerfließen sie vor lauter Liebe, wenn der Bruder verspricht: „Du darfst morgen mit meinem Fahrrad fahren!" Haß und Liebe liegen bei Kindern sehr nahe beieinander. Alles ist längst nicht so tierisch ernst gemeint, wie sich das anhört und ansieht. „Ich spiel nie wieder mit dir!", „Ich mag dich überhaupt nicht mehr!" kommt ihnen leicht heraus. Kurz darauf ist alles vergessen. Sie spielen wieder einträchtig zusammen. Kinder sind nicht nachtragend!

Die Eltern dagegen kauen oft lange entsetzt an den lieblosen Äußerungen ihrer Kinder. Sie sehen die geschwisterlichen Kämpfe oft zu ernst, zu dramatisch. Sie träumen von Ruhe und liebevoller Eintracht im Kinderzimmer. „Streit" ist für sie ausschließlich negativ besetzt, er wird von ihnen nicht als Trainingspensum zum Miteinanderleben, zum Miteinanderumgehen gewertet. Ewigen Frieden gibt es aber nicht im Kinderzimmer. Damit müssen sich Eltern abfinden. Die Frage ist, wie kommt man mit dieser Tatsache am besten über die Runden?

Eine große amerikanische Untersuchung über Geschwisterstreit lieferte interessantes Material dazu. Es stellte sich dabei nämlich heraus, daß jüngere Geschwister häufiger miteinander streiten als ältere, und daß auch der Altersabstand eine Rolle spielt: Je geringer er ist, um so mehr wird gestritten. Aber die wichtigste Erkenntnis ist: Je weniger sich Eltern in den Geschwisterstreit einmischen, um so besser ist es, um so weniger Streit gibt es! Außerdem zeigte sich bei der Untersuchung, daß Eltern dazu neigen, vor allem das ältere Kind zu bestrafen. Und wenn ein Bruder mit einer Schwester im Clinch liegt, bekommt meistens der Junge sein Teil ab, er wird zum Schuldigen erklärt.

So ein Verhalten der Eltern schürt natürlich in dem Unschuldigen heftige Aggressionen. Der nächste Streit ist schon vorprogrammiert. Eltern sollten deshalb viel mehr auch auf die Kleinen achten. Die niedlichen Kleinen sind gar nicht immer so unschuldig an den Streitereien, wie sie tun. Sie piesacken, attackieren, stören die Großen oft so penetrant, daß denen dann der Kragen platzt. Kommt dann die Mutter oder der Vater herein, stehen die automatisch dem jüngeren bei und fordern von dem älteren Rücksichtnahme.

Es ist sicherlich nicht leicht, sich in einen Geschwisterstreit nicht einzumischen, aber Eltern tun sich und ihren Kindern einen großen Gefallen, wenn sie die Kampfhähne ihre normalen Probleme allein lösen lassen! Eingreifen muß man nur dort, wo Gefahr besteht, daß ein Kind ernsthaft verletzt oder ständig unterdrückt wird. So etwas geht dann über die üblichen geschwisterlichen Rangeleien und Kämpfe hinaus.

Viele Eltern haben den festen Vorsatz, ihre Kinder gleich zu behandeln und vergessen dabei aber, daß jedes ihrer Kinder anders ist, einmalig. Und was dem einen gut tut, das muß noch lange nicht gut für das andere sein. Jedes Kind hat seine speziellen, individuellen Bedürfnisse. Das eine braucht nachts viel mehr Trost als seine Geschwister, ein anderes läßt sich besonders viel Zeit mit dem Sauberwerden, eines ist forsch und gesellig, das andere zurückhaltend und eher schüchtern. Sie alle gleich zu behandeln, das täte ihnen nicht gut. Man muß versuchen, ihren Anlagen und Bedürfnissen gerecht zu werden: Sich hineindenken in ein Kind, ergründen, was es braucht, um sich in seiner Haut wohl zu fühlen, ist unendlich wichtig. Wie weh kann man seinem Kind tun, wenn man ihm ganz arglos, nur so zum Ansporn, den großen Bruder als gutes Beispiel vorhält. Der räumt sein Zimmer ordentlich auf, der macht alleine seine Schularbeiten, der, der . . .

Es ist sicher nichts schwerer für Mütter und Väter, als ihre Kinder so anzunehmen, so zu akzeptieren, wie sie sind. Ohne Wenn und Aber. Aber es ist lohnend für beide Seiten.

Kinder sind Leihgaben auf dem Weg in die Selbständigkeit

Wenn man ein Kind füttert, weiß man, was es gegessen hat. Wenn ein Kind alleine matscht und patscht, kann man das oft nur ahnen.

Wenn man ein Kind ins Laufställchen sperrt, kann man ziemlich sicher sein, daß es nichts anstellt oder entwischt. Trotzdem kommt der Augenblick, in dem Eltern lernen müssen, beständige Kontrolle gegen wachsendes Vertrauen in die Fähigkeiten des Kindes einzutauschen.

Kinder müssen selbständig werden, das ist allen klar. Sie sollen später fähig sein, ihre Probleme zu lösen, und sie sollen mit ihren Mitmenschen gut auskommen. Kurz, sie sollen alleine mit ihrem Leben fertig werden. Aber das alles kommt nicht von ungefähr. Selbständig werden ist ein langer, mühevoller Prozeß. Ein Prozeß, in dem nicht nur die Kinder es sind, die lernen, es ist auch ein hartes Pensum für die Eltern. Denn sie müssen ihren Kindern immer den nötigen Spielraum geben, damit die ihre eigenen Erfahrungen machen können. Es ist aber gar nicht so leicht, Kinder allmählich lockerer und immer ein bißchen mehr loszulassen. „Ich muß doch mein Kind behüten, beschützen, damit ihm nichts passiert!" Ein Vorwand vieler Eltern, oft verbrämt und unbewußt, um ein Kind länger als nötig in totaler, zärtlicher Abhängigkeit zu halten. Es ist ja so schön, das kleine Kind zu füttern, es liebevoll anzuziehen. Die kleinen Füßchen in die Schuhe zu stecken, das Kind auf dem Arm zu tragen, obwohl es längst schon sicher laufen und Treppen steigen kann. Man spürt hautnah die Anhänglichkeit, da fällt es vielen schwer, ganz allmählich diese liebevolle Fürsorglichkeit zu lockern. „Ach, als sie noch so klein und hilflos waren, was war das noch schön!" Wer hat diesen Stoßseufzer nicht schon oft gehört.

Sicher spielt da auch der unbewußte Wunsch mancher Eltern nach absoluter Autorität dem Kind gegenüber eine Rolle. Sie möchten groß und mächtig wirken, klare Fronten abstecken, wer das Sagen hat. Es gibt aber auch eine Vielzahl von Müttern, die ihr Kind einfach deshalb am Gängelband halten, weil das Kleine ihren Lebensinhalt bedeutet. Sie spüren eine gewisse Befriedigung, daß da ein hilfloses Wesen ganz von ihnen abhängig ist. Sie dehnen ihre Fürsorge aus, hocken wie eine Glucke über ihrem Kind, um auch ja lange gebraucht zu werden.

Dieser Konflikt kann weit reichen, so weit, daß sich noch viele längst erwachsene Frauen nicht von ihrer Glucken-Mutter freimachen können und schlimm darunter leiden.

Nicht zu vergessen Mütter oder Väter, die ihr Kind daran hindern, selbständig zu werden, weil sie es ganz fest mit ihrer ganzen Liebe und Zärtlichkeit umklammern. Aus welchem Grund das auch geschehen mag, immer haben sie eine ähnliche Einstellung: Das Kind ist ihr „ein und alles", „Ich lebe jetzt nur noch für mein Kind!", „Wir beide!", „Wir beide gegen die Welt!" Und vor lauter Umklammerung bekommt das Kind nicht genug Bewegungsfreiheit, um selbständig zu werden. Es spürt immerfort die Verantwortung, die auf ihm liegt, weil es der ganze Lebensinhalt von seiner Mutter oder seinem Vater zu sein hat.

Für viele Mütter bedeutet es deshalb oft einen richtigen Schock, wenn sie plötzlich spüren, daß sie nicht mehr der Mittelpunkt im Leben ihrer Kinder sind.

Nach der ersten, pflegeintensiven Babyzeit kommt die Phase der starken Anhänglichkeit des Kindes. Die Kleinen wollen nur noch auf dem Arm der Mutter sein und scheuen meist den Kontakt mit Fremden. Haben sie dieses Stadium dann überwunden, beginnen langsam krabbelnd oder laufend mobil zu werden, dann können sie bald die ersten kleinen Schritte in die „Welt" hinaus wagen. Sie müssen schauen, was es da alles gibt und wie es da zugeht. Und mit der Zeit wollen sie auch erkunden, wie das so mit den anderen Erwachsenen ist, wie die sind. Bisher drehte sich alles nur um die allernächsten Bezugspersonen. Jetzt wollen sie sich etwas lösen und ihren Bekanntenkreis ausdehnen. Das ist ungeheuer spannend.

Alle Kinder wollen von sich aus selbständig werden. Sie wollen lernen, sich selbst anzuziehen, selbst zu essen und selbst kleine Probleme in Angriff zu nehmen. Wenn man sie nun ständig an ihren Versuchen –

„will ich selber machen!" – hindert, entweder aus Angst, daß etwas passieren könnte, oder weil es beim Alleinessen eine mittlere Katastrophe geben würde! Oder weil die Knöpfe falsch geknöpft sind – was sollen die Leute nur denken? Oder die Gummistiefel an den falschen Füßen stecken. Oder einfach nur deshalb, weil die kindlichen Versuche schrecklich lange dauern. Ja dann werden Kinder rasch entmutigt. Sie resignieren dann leicht und trauen sich bald gar nichts mehr zu: Es hat ja doch keinen Zweck, etwas anzugehen. „Hilf mir, es selbst zu tun!", das ist eine Bitte im Sinne aller Kinder. Maria Montessori, die berühmte Ärztin und Pädagogin, formulierte sie. Diese Bitte sollten sich Eltern immer und immer wieder in ihr Bewußtsein rufen, denn es gibt keine bessere Grundeinstellung für den Umgang mit Kindern.

Es kommt aber noch ein Punkt dazu, den Eltern immer im Auge haben müssen: Das Streben der Kinder nach Selbständigkeit verlangt von den Erwachsenen eine Menge Einfühlungsvermögen. Sie müssen sich immer wieder fragen und sich darüber klarwerden, wie weit kann man das Kind bei seinem momentanen Entwicklungsstand loslassen? Wieviel Vertrauen haben wir in die Fähigkeit unserer Kinder, und was können wir ihnen zumuten? Einerlei, ob es darum geht, ob das Kleine schon alleine nach nebenan zu einem Spielkameraden darf, oder um die Frage: Kann unser Kind schon alleine in den Kindergarten gehen? Oder später um die schwierige Frage: Kann der Zehnjährige schon mit dem Fahrrad in die Schule oder darf die Dreizehnjährige mit anderen in den Ferien zum Zelten? Wieviel Vertrauen haben wir, und was können wir ihnen zumuten? Eltern, denen es gelingt, ihr Kind einigermaßen richtig einzuschätzen und Vertrauen in seine Fähigkeiten zu entwickeln, sind besser dran.

Dieses Vertrauen der Eltern überträgt sich aber auf die Kinder. Sie werden selbstsicher und selbstbewußt. Sie spüren, die Eltern halten etwas von ihnen. Eine verläßliche Rückendeckung, die viel Kraft fürs Leben gibt.

Zurück zur Berufstätigkeit: Viele Mütter leiden unter schlechtem Gewissen

Gegen Vorurteile und schlechtes Gewissen kämpfen bis heute Mütter, die trotz Kind berufstätig sind.

Nur-Hausfrauen hingegen haftet das Stigma der Biederkeit und Weltfremdheit an.

Leider scheint es so, als wären es die Frauen selbst, die den Graben der Vorurteile graben, anstatt sich zusammenzutun, um gemeinsam die Vorteile des jeweils anderen Status zu nutzen.

Die Frauen sehen ihre Rolle heute nicht mehr ausschließlich als Ehefrau und Mutter, sie wollen nach Schule, Lehrjahren, Studium und Berufstätigkeit meist nicht mehr auf diese Seite ihres Lebens verzichten. Nicht jede Frau muß ihre Glückseligkeit und Erfüllung im Haushalt und in der Kindererziehung finden. Wir müssen umdenken und jeder Frau die Wahlfreiheit für ihr Leben zugestehen. Nur-Hausfrauen und Mütter auf der einen, Berufstätige auf der anderen Seite sollten aufhören, einander gegenseitig überkritisch zu beäugen. Jeder sollte lernen, die Lebensform der anderen zu akzeptieren und zu achten.

Warum muß denn immer noch eine Frau, die gerne zu Hause ist und ihre Kinder versorgt, sich frustriert als Nur-Hausfrau fühlen? Und warum muß die berufstätige Mutter bei jedem Elternabend wieder Angst haben, plötzlich einen Seitenhieb zu bekommen: Na ja, Sie sind ja berufstätig! Als wenn alle Kinder von Nur-Müttern leibhaftige Engel wären und die der Berufstätigen nur so vor Aggressivität und Frechheit strotzen würden.

Kinder sind verschieden, reagieren verschieden. Das primitive Kastendenken „berufstätige Mutter hat schwieriges Kind, Nur-Mutter hat braves, folgsames, lerneifriges Kind“ sollte passé sein. Seien wir doch froh, daß die eindeutigen Befunde und wissenschaftlichen Erkenntnisse über die Auswirkung von Fremdbetreuung von Kindern zu völlig widersprüchlichen Ergebnissen führen. Die Frage ist einfach zu komplex, um mit einem einfachen Ja oder Nein beantwortet zu werden. Gehen wir doch einfach mal von der plausiblen Vermutung aus, daß eine berufstätige, mit ihrem Leben zufriedene Mutter sich ausgeglichener ihrem Kind zuwendet als eine mit ihrem täglichen Leben unzufriedene Nur-Mutter. Die Familienatmosphäre ist ausschlaggebend, die gutfunktionierende Partnerschaft, das sind die Dinge, die einem Kind Halt, Sicherheit und Geborgenheit geben. Wenn in einer Familie mit Nur-Mutter keine Harmonie herrscht, ist das nicht gut für ein Kind, da nützt es auch nicht viel, daß die Mutter ständig anwesend ist.

Hier soll kein einseitiges Loblieb auf die berufstätige Mutter gesungen werden, es soll nur ganz heftig dafür plädiert werden, jeder Mutter, jeder Familie ihre eigene individuelle Lebensform zuzugestehen, ohne daß sie von irgendeiner Seite schief angesehen wird.

Jede Frau muß „ihre“ Lebensform finden, und sie sollte keine Angst vor irgendwelcher Diffamierung haben müssen. Dabei ist der Weg der berufstätigen Mütter immer noch sehr steinig. Sie müssen ein wahres Organisationstalent sein, denn anders als in vielen Ländern gibt es bei uns nur wenig Hilfe für sie. Sie müssen einen Großteil ihrer Zeit und Kraft darauf verwenden, ihr tägliches Leben in den Griff zu bekommen, gegen alle Eventualitäten abzusichern. Was mache ich, wenn mein Kind krank ist? Was mache ich, wenn der Kindergarten früher aus hat? Was mache ich, wenn mein Kind plötzlich Bauchweh bekommt und aus Kindergarten oder Schule nach Hause will? Was mache ich, wenn die betreuende Oma mal krank wird? Es gibt zu wenig Krippen, Horte, Ganztagskindergärten, Schulaufgabenbetreuung ... Da bleibt den Müttern nichts anderes übrig, als selbst initiativ zu werden, sich zusammenzutun. Miteinander, zu mehreren, ist man immer stärker. Gewiß, ein bißchen Courage gehört schon dazu, um andere um Hilfe zu bitten. Wir müssen uns überwinden, aber wie oft merken wir erst im nachhinein, wie gerne uns die eine Nachbarin wie eine Kindergartenmutter geholfen hätte, wir hatten nur nicht den Mut, sie um Hilfe anzugehen. Wie gerne hätte oft ein Kindergarten- oder Schulkind mittags und nachmittags die Gesellschaft eines Kameraden. Es wäre nicht allein mit seiner Mutter – und der anderen berufstätigen Mutter wäre damit unendlich viel geholfen.

Oder wieviel Streß könnte sich eine halbtags berufstätige Mutter, die täglich Angst hat, zu spät zum Kindergartenschluß zu kommen, ersparen, wenn eine andere Mutter ihr Kind einfach mit nach Hause nähme und sie es dort abholt? Den Kindern würde es sicher Spaß machen!

Berufstätige Mütter stellen sich viel zu oft selbst ein Bein. Sicherlich meist unter dem Druck von außen, aber auch durch die Ansprüche, die sie an sich selber haben. Sie wollen oder müssen ihrer Umwelt beweisen, daß sie alles schaffen: gut im Beruf zu sein, einen Tipptopphaushalt zu haben, eine gute Mutter, eine gute Partnerin zu sein und was sie sich sonst noch alles zum Ziel gesetzt haben. Unter solchen Belastungen leidet irgendwann jedes Nervenkostüm und jeder Körper.

Es gehört viel Kraft dazu, Abstriche zu machen, abends die Fenster nicht zu putzen, auch wenn sie's nötig hätten, die Wäsche ungebügelt stehenzulassen. Durchschnaufen, alles beiseite zu lassen und zu allererst einmal ganz und ausschließlich für das Kind dazusein, das ist jeden Tag das Wichtigste und Nötigste, wenn eine berufstätige Mutter abends nach Hause kommt. Das Kind muß ganz intensiv spüren, die Mutter ist jetzt für mich da, sie hat Zeit für mich ganz allein. Nicht nur halbherzig, so zwischen Bügeln und Kochen. Ein tägliches, regelmäßiges, unumstößliches Ritual, auf das sich beide auch freuen, schafft eine ganz innige Beziehung.

Jeder Erwachsene leidet von Zeit zu Zeit unter irgendwelchen Schuldkomplexen. Besonders aber werden berufstätige Mütter davon geplagt. Vielleicht kommen sie sich, ihrem Mann, ihrem Kind gegenüber verantwortungslos und egoistisch vor. Aus so einer Haltung heraus meinen sie dann, etwas gutmachen zu müssen. Sie lassen ihrem Kind mehr als ihm guttut durchgehen, verwöhnen es nach Strich und Faden. Ihr Schuldbewußtsein ist selbst morgens, beim Weggehen, auch dem Kind spürbar.

Zwar leicht gesagt, aber wirklich besser ist es, wenn eine Mutter zu ihrem Entschluß, berufstätig zu sein, auch steht: Das ist so, das brauche ich, das schaffen wir auch! Eine konsequente Haltung akzeptiert fast jedes Kind besser, es fühlt sich sicherer dabei, als bei einer unentschlossenen, schuldbewußten Haltung seiner Mutter.

Wenn die Mutter wieder berufstätig werden will oder muß, stellt sich natürlich oft die Frage:

Wie findet man die richtige Tagesmutter?

Wer seine Kinder von einem – zunächst jedenfalls – Fremden betreuen lassen möchte, sollte sorgfältig wählen. Dazu muß er erst mal eine Auswahl haben. Wie bekommt man die? Nur durch lautes Trommeln! Am erfolgreichsten sind immer noch Kleinanzeigen im Regionalblatt oder – in Großstädten – im Stadtteilanzeiger.

Nützen Sie aber auch die anderen Möglichkeiten der Suche: Heften Sie ans Info-Brett Ihres Supermarktes oder anderer Geschäfte einen Suchzettel.

Fragen Sie in Krabbelgruppen und überall dort, wo Mütter zusammenkommen. Wer weiß was, wer kennt jemanden, der ein Kind betreuen will?

Denken Sie auch an die Möglichkeit, Ihr Kind gemeinsam mit den Kindern einer Freundin oder Bekannten betreuen zu lassen. Versteifen Sie sich dabei möglichst nicht darauf, daß die anderen Kinder im gleichen Alter sind wie Ihr Kind. In vielen Fällen verringert ein etwas größerer Altersabstand mögliche Eifersuchtsprobleme. Und nach welchen Kriterien sollte man auswählen? Wie erkennt man, daß diese oder jene Frau die richtige ist für Ihr Kind?

Das Wichtigste ist wohl, daß Sie sich mit ihr in den Grundzügen der Erziehung einig sind. Ein ständiges Hü und Hott wäre nicht gut für Ihr Kind. Deshalb sind ausführliche Vorbereitungsgespräche zwischen Ihnen und der möglichen Betreuerin unumgänglich. Welche Charaktereigenschaft die Tagesmutter haben sollte, läßt sich schwer sagen. Wie fast überall führen auch hier viele Wege zum Ziel. Ein guter Schuß Geduld und eine Prise Mütterlichkeit wären aber sicher nicht falsch. Ruhe sollte eine Tagesmutter ausstrahlen, hektische Typen sind für den Umgang mit kleinen Kindern nicht das Ideale.

Eine wichtige Rolle sollte Ihr Kind haben: Geben Sie ihm die Möglichkeit, sich mit seiner potentiellen Tagesmutter in aller Ruhe anzufreunden. Gelingt ihm das auch nach drei oder vier Versuchen noch nicht, dann ist es wohl nicht die Richtige. Dann sollten Sie lieber noch weitersuchen. Das mag mühsam sein, ist aber weitaus besser, als ein Wechsel schon nach wenigen Wochen oder Monaten.

Kindern kann man nichts vormachen: Dicke Luft und Ehekrach

Anwälte können ein Lied davon singen: Unsere Streitkultur ist auf den Hund gekommen. Man scheut sich, jemandem die Meinung zu sagen, und zieht statt dessen lieber vor den Kadi.

Streitkultur erleben und erlernen Kinder dort, wo Erwachsene sich nach intensivem Streit wieder intensiv vertragen. Wo nicht gestritten wird, gibt es so wenig eine Streitkultur wie dort, wo unentwegt gestritten wird. Streiten ist lehr- und lernbar.

Wenn die Eltern streiten, leiden die Kinder. Sowohl die unartikulierten Spannungen als auch die lauten Kräche verunsichern sie. Sie fühlen ihre kleine Welt bedroht, reagieren verängstigt. Dabei soll doch gerade die Familie ihnen Geborgenheit und Sicherheit geben!

Was geht in einem Kind vor, wenn es miterlebt, wie seine Eltern einander anzischen oder gar anbrüllen, wenn sie sich Dinge sagen, die den Anschein erwecken, daß sie sich überhaupt nicht mehr leiden können? Die meisten Kinder, auch wenn sie erst im Kindergartenalter sind, haben heute schon von Scheidung gehört, kennen vielleicht andere Kinder, deren Eltern sich getrennt haben. Natürlich haben sie nun Angst, daß ihre Eltern auch auseinandergehen könnten. Eine schlimme Vorstellung für ein kleines Kind. Aber auch, wenn sie wissen, es geht nicht um Trennung, sondern nur um heftige Meinungsverschiedenheiten – ein Kind, das mit anhören muß, wie seine Eltern einander beschimpfen, leidet. Selbst für die leisen Schärfen in einer Unterhaltung haben Kinder übrigens ein feines Ohr. Sie erkennen, auch wenn der Inhalt des Gesprochenen noch gar nichts Böses besagt, am Klang der Stimmen, daß da irgend etwas nicht stimmt.

Mütter machen auch immer wieder die Erfahrung, daß schon Babys genau spüren, wenn dicke Luft in der Familie herrscht. Sie trinken dann schlechter, schlafen unruhiger, sind scheinbar ohne jeden Anlaß unleidlich.

Also wäre es doch das beste, die Eltern würden beschließen, nie mehr zu streiten, möchte man meinen. Aber das wäre der falsche Entschluß. Denn was bringt es, einen Plan zu fassen, den man doch nicht einhalten kann? Wo Menschen zusammenleben – auch und gerade solche, die einander besonders mögen –, entstehen immer wieder Spannungen, die auf Entladung drängen. Und außerdem – selbst wenn es einem Paar gelingen würde, solche Entladungen konsequent zu vermeiden, wäre das nicht etwa ein besonders gutes, sondern eher ein besonders schlechtes Beispiel für die Kinder. Nicht das grundsätzliche Vermeiden von Krächen scheint das richtige Ideal zu sein, sondern der richtige Umgang miteinander beim Streit. Vor allem die richtige Art, Kräche auch wieder auf vernünftige Art zu beenden, ist so eine Art Schlüssel für ein gutes Zusammenleben. Wie in den einzelnen Familien mit Konflikten oder einfach nur mit atmosphärischen Spannungen umgegangen wird, ist höchst verschieden. In der einen Familie werden Probleme grundsätzlich unter den Teppich gekehrt, nach allen Regeln der Kunst verdrängt. In der anderen läßt man seinen Emotionen ungeniert freien Lauf. Da wird nach Kräften herumgeschrien, die Kontrahenten traktieren einander mit härtesten Vorwürfen, und das Ganze endet beinahe zwangsläufig mit Heulen und Türenknallen. Klar, daß weder die eine noch die andere Methode zu einer wirklichen Lösung der anstehenden Fragen führt oder gar zu neuen Perspektiven.

Um es noch einmal zu betonen: Es wäre völlig falsch, wollte man in einer Familie versuchen, grundsätzlich jeden Streit zu vermeiden. Das bringt nicht weiter. Irgendwann entsteht dann doch ein Überdruck, der bei einer kleinen, im Grunde völlig unbedeutenden Gelegenheit zur Explosion führt. Anstehende Probleme müssen auf den Tisch.

Oft erhebt sich allerdings die Frage, wann der richtige Zeitpunkt dafür ist. Sofort, wenn einem der beiden Partner danach zumute ist, also notfalls auch abends, wenn beide vielleicht ziemlich abgearbeitet und müde sind? Oder zu einem späteren Zeitpunkt, den man in einer solchen Spannungssituation vereinbart? Oder vielleicht grundsätzlich zu einem festen Termin, etwa am Sonntagvormittag?

In den meisten Fällen wird es wohl darauf hinauslaufen, daß der Krach dann ausgetragen wird, wenn einer der beiden Partner das unaufschiebbare Bedürfnis dazu hat. Denn gewöhnlich kann er dann nicht warten. Er fühlt sich gerade in diesem Moment dazu in der Lage, endlich das zu sagen, was ihm schon so lange auf dem Magen liegt oder vielleicht auf der Galle. Jetzt hat er den nötigen Überdruck, um zu artikulieren, was ihn ärgert, morgen nicht mehr, dann würde er vielleicht schon wieder schlucken und klein beigeben. Also ist es wohl nicht unbedingt falsch, die Kräche dann zu machen, wenn sie fällig sind, auch wenn es theoretisch natürlich besser wäre, die Auseinandersetzung erst mal zu vertagen und alles in Ruhe zu besprechen, wenn der Groll bereits abgeklungen ist. Aber diese Methode führt eben sehr leicht dazu, daß die wichtigsten, die heikelsten Themen doch wieder nur unausgesprochen bleiben.

Gegen die regelmäßig angesetzten Familiengespräche ist natürlich überhaupt nichts zu sagen. Sie können sehr wohl dazu dienen, viele Spannungen gar nicht erst aufkommen zu lassen, weil man sich angewöhnt hat, bei diesen Familienkonferenzen alles auszusprechen, was einen bedrückt. Leider werden solche Konferenzen nur in wenigen Familien praktiziert, und selbst dort, wo es der Fall ist, kommt es immer mal wieder zu ungeplanten Konfrontationen. Meist, weil einer der Beteiligten sich halt doch gescheut hat, das, was ihn bedrückt rechtzeitig zu artikulieren.

Wenn Kräche aber wirklich unvermeidlich sind, dann ist es sinnvoll, sich viel mehr, als das bisher geschieht, mit dem normalen Ablauf dieser Kräche auseinanderzusetzen, um daraus zu lernen. Vor allem, damit die Kinder nicht zu sehr darunter leiden.

Zwei Dinge sollte keiner, auch während der schlimmsten Phasen eines Streites, aus den Augen verlieren:

1. Es geht darum, gemeinsam ein Problem zu lösen, und nicht darum, einen Sieger und einen Verlierer zu produzieren. Fühlt sich nämlich am Ende des Streites einer der beiden Kontrahenten als Verlierer, dann wird er zwangsläufig auf Revanche, vielleicht sogar auf Rache sinnen. Damit ist der nächste Krach schon vorprogrammiert.
2. Jedem der Beteiligten sollte immer bewußt bleiben, daß seine Sicht der Dinge nur die eine Seite der Medaille ist, und daß der andere die Situation mit völlig anderen Augen sieht. Deckungsgleichheit wird und kann es hier nur sehr selten geben. Deshalb gibt es auch keine objektive Wahrheit. Fast immer haben beide Partner „recht“!

Deshalb kann es in der Auseinandersetzung weder darum gehen, den anderen zu besiegen, noch darum, ihm zu beweisen, daß er unrecht hat. Das Ziel sollte es vielmehr sein, dem anderen zu schildern, wie man selber die Dinge sieht, warum man sie so sieht und warum man etwa mit den bisherigen Regelungen nicht zu Rande kommt. Die Kontrahenten sollten also nicht pausenlos einander Vorwürfe machen, sondern in erster Linie von sich erzählen, von den eigenen Gefühlen und Belastungen. Gegenseitiges Verständnis für die individuellen Schwierigkeiten sollte das Ziel sein, nicht Rechthaberei und Vernichtung des Gegners.

Dennoch wird es natürlich immer wieder passieren, daß die Partner in der Hitze des Gefechtes einander schlimme Dinge sagen, einander Verletzungen zufügen, die nicht gleich wieder verheilen. Damit sollte man lernen zu leben. Bei Partnern, die auch nur einigermaßen temperamentvoll sind, läßt sich das wohl nicht vermeiden.

Als besonders schwierig erweist es sich in vielen Krächen immer wieder, irgendwann, zu einem vernünftigen Zeitpunkt, auch wieder damit aufzuhören, vielleicht bevor wirklich schlimme Dinge gesagt sind. Sehr gut bewährt hat sich da ein simpler Trick: Sobald jeder das Gefühl hat, daß alles, was wirklich wichtig ist, ausgesprochen wurde und sich das Gespräch eigentlich nur noch in Wiederholungsschleifen hinzieht, vereinbart man eine Pause, vielleicht für eine Viertelstunde. In dieser Zeit sollten die Kontrahenten einander nicht sehen, auf keinen Fall aber miteinander sprechen. So eine kleine Kampfpause, in der jeder Gelegenheit hat, sich allein für sich ein bißchen zu beruhigen, wirkt oft Wunder.

Und wie erreicht man, daß die Kinder durch die Kräche ihrer Eltern keinen Schaden nehmen? Erstens wohl dadurch, daß man sie nicht unbedingt vor den Augen und Ohren der Kinder austrägt. Und zweitens, da es unmöglich ist, die Kinder immer fernzuhalten, indem man den Kindern zeigt, daß die Eltern sich zwar ab und zu in die Haare kriegen, daß sie sich am Ende aber immer wieder in einem vernünftigen Gespräch treffen und versöhnen. Zu erleben, daß die Eltern sich am Ende wieder vertragen, ist enorm wichtig für die Kinder – aber es ist nicht immer leicht zu arrangieren. Viele Kräche finden abends statt, die Kinder werden vielleicht ins Bett geschickt, während der Streit schon im Gange ist, oder die Kinder hören, möglicherweise im Halbschlaf, was da im Wohnzimmer los ist. Was dann? Soll man die Kinder etwa wecken, wenn man sich wieder versöhnt hat? Das nicht gerade, aber die Eltern sollten unbedingt gemeinsam zu den Kindern gehen, auch wenn die schon schlafen. Vielleicht kriegen sie ja sogar im Schlaf mit, daß alles wieder in Ordnung ist. Richtig sprechen sollte man dann aber am nächsten Morgen mit den Kindern, auch schon mit den kleinen. Sie sollen ja wissen, daß die Eltern nicht nur gestritten, sondern auch, daß sie ihre Probleme geklärt haben, daß Krach also nicht nur etwas Unangenehmes, sondern bisweilen auch etwas höchst Nützliches ist.

Von Kindern kann man sich nicht scheiden lassen, aber unglückliche Eltern haben unglückliche Kinder

Was früher undenkbar schien, scheint heute an der Tagesordnung: Frauen verlassen – mit oder ohne Kinder – ihren Partner, binden sich neu oder gestalten ihr Leben allein. Alles Rabenmütter?

Alleinerziehende, Geschiedene, Paare ohne Trauschein, Wiederverheiratete mit eigenen, gemeinsamen und angeheirateten Kindern sind längst keine Minderheit mehr unter den Eltern. Ihre Kinder müssen keinen Schaden leiden, wenn die Erwachsenen Vernunft walten lassen.

Jede dritte Ehe wird heute geschieden, fast 50 Prozent davon sind Ehen mit Kindern. Das sind Tatsachen, denen man ins Auge sehen muß, die man nicht unter den Tisch kehren kann. Man muß sich damit vertraut machen, daß diese Situation nicht mehr zu ändern ist. Wenigstens so lange nicht, bis Partnerschaften auch wirklich partnerschaftlich laufen. Wo Frauen nicht mehr, so wie heute, darunter leiden, ihre ganze Selbständigkeit und ihr Selbstwertgefühl zu verlieren oder die Last von Kind, Beruf und Haushalt alleine tragen zu müssen. Und bis es bessere allgemeine Betreuungsmöglichkeiten für Kinder gibt.

Bei den heutigen Scheidungsraten rufen Floskeln wie „Was Gott zusammengefügt hat, soll man nicht trennen", „Früher ging es doch auch, wir haben uns auch zusammenraufen müssen" oder sogar „Warum müssen die Frauen denn auch arbeiten", nur noch Unverständnis hervor. Doch es bleibt den Scheidungsgegnern immer noch das provokante Argument: „Aber die Kinder, an den armen Würmern geht's dann raus."

Wie steht's damit? Kinder leiden unter der Scheidung ihrer Eltern, das kann niemand wegleugnen. Herausgefordert durch die zunehmenden Scheidungen, beschäftigen sich immer mehr Fachleute mit den Problemen der Scheidungskinder. Wie verkraften sie die Trennung der Eltern, wie lange leiden sie, und wie kann man ihnen am besten helfen?

Unterschwellig geistert immer noch bei einer ganz großen Zahl von Erwachsenen die Meinung herum: „Wenn's auch mit der Ehe nicht klappt, sollten die Eltern doch wenigstens der Kinder wegen zusammenbleiben und sich nicht aus egoistischen Gründen trennen. Jede Ehe hat ja schließlich mal eine Flaute."

Untersuchungen haben aber immer wieder gezeigt, daß ein spannungsgeladenes, zerrüttetes Familienleben, das sich nicht nur in einem momentanen Tief bewegt, schädlicher für Kinder ist, als eine faire Trennung.

„Faire Trennung! Da kann ich ja nur lachen", werden hier die meisten Betroffenen gegenhalten. Man ist doch randvoll mit negativen Gefühlen, voller Groll, wenn's an die Trennung geht. Beide Partner kämpfen erbittert um Geld, Hausrat und die Kinder. Man will sich nie wieder sehen, alle Brücken hinter sich abbrechen, ein neues Leben beginnen. Schon der ganze Hickhack, der einer Scheidung vorausgeht, belastet ein Kind enorm. Es weiß nicht, woran es ist, spürt die Spannungen, bekommt Angst und ist höchst verunsichert. Viele Kinder fragen sich sogar, ob sie schuld am Ganzen sind. Häufig bemerken die Eltern in ihrem emotional geladenen Zweikampf gar nicht, wie sehr die Kinder unter dieser Atmosphäre leiden. Sie meinen, wenn alles vorbei ist, bekommt einer das Kind, und dann wird alles gut.

Die Ehe ist also kaputt, die Partner gehen auseinander, sind wieder frei. Aber wenn sie sich auch als Paar getrennt haben, bleiben sie doch beide ihr Leben lang die Eltern ihrer Kinder. Aus dieser Verantwortung darf sich keiner wegschleichen, dazu müssen sie stehen.

Auch wenn auf dem Papier das Besuchsrecht bestens geregelt ist, läuft das in der Praxis doch oft schief. Etwa so: Am Sonntagnachmittag in einer Fußgängerzone. Ein Vater geht unentschlossen und gelangweilt in der Mitte der Straße, sein kleines Töchterchen, mit der Puppe fest im Arm, versucht immer und immer wieder an der Schaufensterseite etwas „ganz Gefährliches" zu unternehmen. Sie tut, als wenn sie die Hauswand erklettern, auf Podeste steigen will und ruft dabei ständig mahnend und vorwurfsvoll in Richtung Vater: „Die Mama hat aber gesagt, du mußt ganz gut auf mich aufpassen!" Der Vater ist hilflos, geht weiter. Sicher wird er froh sein, wenn er die Besuchszeit wieder hinter sich hat, das Kind wieder bei der Mutter abgeliefert ist. Was sollte er auch machen mit so einem kleinen Mädchen, zu dem er keine Beziehung mehr hat, das zu Hause dann der Mama erzählen wird, „Der Papa hat gar nicht gut auf mich aufgepaßt!“ Das würde die Mama gerne hören. Der Konkurrenzkampf um die Liebe des Kindes ist manchmal ziemlich hart nach der Scheidung. Die Kinder spüren das und greifen auf ihre Art ein.

Geschiedene Mütter berichten: Nachdem sie endlich die Wut auf den verflossenen Partner, der alles beim Besuchstermin mit dem Kind falsch machte, begraben hatten, ging es ihnen und dem Kind besser. Das Kind ging lockerer zum Vater. Die Mutter konnte die „freie“ Zeit für sich nützen. Sie mußte sich nicht ständig den Kopf darüber zerbrechen, wie der Besuch ablaufen würde, ob der Vater sich schon wieder nicht um das Kind kümmern, und die Oma es voll Schokolade stecken würde.

Alle Kinder leiden unter der Scheidung ihrer Eltern, auch wenn manche groß herumtönen, das mache ihnen gar nichts aus und ganz locker tun. Das ist oft nichts anderes als eine Schutzhaltung. Man weiß heute aus Untersuchungen, daß Kinder etliche Jahre brauchen, im Durchschnitt 4–5 Jahre, um die Trennung ihrer Eltern zu verkraften. Fast alle haben noch lange insgeheim den Wunsch und die Hoffnung, Mutter und Vater würden wieder zusammenkommen. Die Kinder wollten sich ja nicht scheiden lassen, sie lieben ja beide, Mutter und Vater. Beide sind wichtig für ihr ganzes Leben.

Scheidungskinder müssen spüren, beide Eltern lieben mich nach wie vor, auch wenn wir nicht mehr alle zusammengehören. Kleine Kinder allerdings, die noch eine sehr diffuse Gefühlswelt haben, brauchen gerade in der ersten Zeit nach der Trennung besonders viel Hilfe. Sie leiden unter der ständigen Angst, der verbliebene Elternteil könnte sie auch plötzlich noch verlassen. Diese beklemmende Situation macht viele kleine Kinder ganz besonders ängstlich-anhänglich, Tag und Nacht. Sie wollen Geborgenheit und Sicherheit hautnah spüren, soviel wie nur eben möglich. Viel zärtliche Zuwendung, regelmäßige Knuddel- und Vorlesestunden helfen ihnen dabei, ihr seelisches Gleichgewicht wiederzubekommen.

Auch größere Kinder sind in dieser Zeit besonders empfindlich, und manche geraten plötzlich in Panik, wenn Mutter oder Vater nicht pünktlich, wie verabredet, da sind.

In der neuen Situation nach einer Scheidung, im Auf und Ab der Gefühle, fragt sich dann doch manche Mutter oder mancher Vater, ob sie das tägliche Leben allein mit dem Kind überhaupt schaffen. Um solche quälenden Fragen zu reduzieren und sich aus der Isolation lösen zu können – alte Freunde ziehen sich zurück, Paare schotten sich plötzlich gegen die Geschiedenen ab –, ist es am besten, sich bald Hilfe zu holen. Neue Kontakte, neue Freunde mit ähnlichen Problemen können enorm hilfreich sein. Besonders in der ersten schweren Zeit nach der Scheidung. Nicht zuletzt auch wegen gemeinsamer Freizeitvergnügen für sich und die Kinder. Es gibt zum Beispiel den „Verein für Trennungsberatung“, es gibt den „Verband alleinstehender Mütter und Väter“ mit seiner umfassenden Beratung und seinen vielen Ortsverbänden. Viele Geschiedene fühlen sich schuldig, meinen, sie müßten jetzt mit allem ganz alleine fertig werden, müßten das auch der Mitwelt beweisen und selbst auf alles verzichten. Ein falscher Standpunkt. Wegen einer Scheidung muß man keine Schuldkomplexe haben und sich nicht mit dem Gefühl, gescheitert zu sein, herumplagen. Jeder braucht dann alle Kraft, um das neue Leben zu planen und zu organisieren.

Organisation ist jetzt alles! Die Kinder werden mit in die tägliche Planung einbezogen – im richtigen altersgemäßen Maß schadet ihnen das auch nicht, es macht sie selbständiger. Außerdem stärkt ihre partnerschaftliche Mithilfe das Selbstbewußtsein.

Eine große Gefahr gibt es allerdings in der Einelternfamilie, nämlich die, das Kind zum Vertrauten zu machen, zum Partnerersatz. Das verkraften Kinder nicht. So verlockend es auch für einen plötzlich alleinstehenden Elternteil sein mag, von den persönlichen Problemen, von der finanziellen Misere, vom täglichen Frust, und von dem Ärger über den geschiedenen Partner zu reden, seinen Groll loszuwerden. Aber dazu braucht man Erwachsene. Kinder sind damit überfordert. So intensive Bindungen, wie sie nach einer Scheidung zwischen Kind und Elternteil meist entstehen, sind besonders sensibel und anfällig für eifersüchtige Gefühle. Es gibt da die verschiedensten Konstellationen, wer auf wen eifersüchtig ist: Das Kind auf einen eventuellen neuen Partner, der sich in die Einelternfamilie hineindrängt, oder der neue Partner auf das Kind, das die neue Beziehung immer wieder beeinträchtigt. Oder die Eifersucht auf den weggegangenen Partner, der ein neues Glück gefunden hat.

Da läßt das Kind seine Mutter oder den Vater mit dem neuen Partner keine Sekunde aus den Augen, und beim ersten gemeinsamen Urlaub will es unbedingt zwischen dem Paar im Bett schlafen. Eine harte Probe für das neue Paar. Oder die neue Partnerin ist den Besuch des „geschiedenen" Kindes ihres Mannes leid und meint, er müßte sich doch endlich von seiner Vergangenheit lösen und ihr und dem neuen Kind ganz alleine gehören. Die Liste der Variationen ist lang, und die bohrenden Eifersüchte machen den Beteiligten das Leben schwer, oft sogar zur Hölle. Alle, die solche Situationen aber durchgestanden haben, sagen übereinstimmend, Geduld und ein enormes Einfühlungsvermögen haben ihnen geholfen. Die „Neuen", die meinen, sie müßten Vater- oder Mutterersatz sein, haben meistens Schiffbruch erlitten. Kinder wollen ihre leiblichen Elternteile als Mutter und Vater behalten, und akzeptieren am ehesten „Neue", die sich ihnen behutsam als Freunde anbieten. Aber keine Regel ohne Ausnahme, es gibt Scheidungskinder, die sich voll auf neue Partner stürzen und sie in die Rolle einer Ersatzmutter oder eines Ersatzvaters drängen, die endlich wieder eine komplette Familie sein wollen. Einfühlungsvermögen und Verständnis ist die beste Basis, um den Kindern in dieser schwierigen Situation zu helfen.

Wichtig ist, dem Kind zuliebe den Haß auf den geschiedenen Partner zurückzustecken. Sachverständige plädieren zunehmend für ein gemeinsames Sorgerecht. Leider schaffen das nicht alle Geschiedenen, aber wo es gelingt, ist es für die Kinder ein ganz großer Vorteil.

Nicht alle Geschiedenen heiraten wieder. Vor allem Frauen, die Kinder haben, ziehen das Alleinleben oft einer nochmaligen Heirat vor.

Die Zahl der Alleinerziehenden nimmt immer mehr zu. Im Gebiet der ehemaligen Bundesrepublik stieg ihr Anteil in den letzten 15 Jahren von neun auf 17 Prozent. Das bedeutet, 1,8 Millionen Mütter oder Väter ziehen ihr Kind alleine auf. Und diese Tendenz ist steigend. Der Anteil der Väter unter den Alleinerziehenden beträgt etwa 14 Prozent.

Alleinerziehende – das sind aber nicht nur Geschiedene oder Verwitwete. Immer mehr Frauen entschließen sich dazu, ihr Kind von Anfang an alleine, ohne Partner, großzuziehen. Trotz dieser Zahlen, und obwohl man in jedem Kindergarten oder in jeder Schule Kinder von Alleinerziehenden trifft, ist der Argwohn der „anderen", die in einer herkömmlichen Bindung leben, deprimierend groß. Man weiß nicht so recht, was man von der Sache halten soll: Zu einer Familie gehören doch Mutter, Vater und Kinder, das war doch immer so. Da fällt vielen das Umdenken schwer. Es ist, als wenn sie nur darauf warten würden, daß etwas schiefgeht. Irgendwann wird man schon ein Haar an diesen neuen Konstellationen finden!

Aus solchen zwiespältigen Gefühlen heraus neigen immer noch viele dazu, alles, was Alleinerziehende angeht, durch ein starkes Vergrößerungsglas zu beobachten. Benimmt sich das Kind der alleinerziehenden Mutter oder des alleinerziehenden Vaters auch normal, gibt es da keine Auffälligkeiten? Ist es richtig angezogen? Hat es auch jeden Tag ein Pausenbrot dabei? Oder nur Geld für eine Brezel? Hat es immer seine Schularbeiten, steht es auf dem Hof etwa isoliert herum oder benimmt es sich auffallend aggressiv?

Kein Wunder, wenn Alleinerziehende, so scharf unter die Lupe genommen, automatisch mit Schuldkomplexen reagieren. Sie fragen sich, geht es meinem Kind auch wirklich gut, oder leidet es vielleicht unter unserer Situation? Viele Alleinerziehende meinen dann, sie müßten jetzt nur noch für ihr Kind leben. Müßten ganz auf ihr Eigenleben verzichten. Müßten Mutter und Vater in einem sein. Damit überfordern sie sich aber, kapseln sich ab und geraten so immer mehr in die Isolation. Aber Isolation ist gerade das Falscheste für Alleinerziehende. Sie macht ihr Leben nicht nur noch einsamer und damit schwerer, sie führt außerdem zu einer übertriebenen Verklammerung von Erwachsenem und Kind. In so einer „Überlebensgemeinschaft" werden Kinder leicht überfordert, weil sie als Ersatz für die fehlenden Außenkontakte der Mutter oder des Vaters herhalten müssen.

So verlockend es sein mag, das Kind in alle Sorgen und Nöte einzubeziehen, mit ihm alles zu besprechen – die partnerschaftliche Vertrautheit darf nicht zu eng werden. Es sollte immer ein Verhältnis Mutter/Kind oder Vater/Kind bleiben. Sonst verliert das Kind nämlich die Möglichkeit, sich in der üblichen Weise nach und nach zu lösen. In einer zu engen Bindung würde es ihm möglicherweise wie Verrat erscheinen, wenn es sich für seine gleichaltrigen Freunde interessiert. Solche Kontakte zu Freunden, Freundinnen sind aber wichtig für die Entwicklung. Aber nicht nur zur Gleichaltrigen-Gruppe brauchen Kinder Kontakt. Sie brauchen auch Gelegenheit, andere Erwachsene kennenzulernen. Es wäre nicht gut, wenn sie nur mit ihrer alleinerziehenden Mutter (ihrem alleinerziehenden Vater) und vielleicht noch Großeltern zusammenkämen. Wie sollen sie sich ein Bild von Männern und Frauen machen können, wenn sie nur einen extremen Ausschnitt kennenlernen!

Das ist nicht zuletzt für die Fähigkeit, später den richtigen Partner zu wählen, von großer Bedeutung. Das bedeutet: Alleinerziehende müssen unbedingt dafür sorgen, daß sie zusammen mit ihren Kindern viel mit anderen Erwachsenen – Frauen und Männern – zusammenkommen. Daß das nicht immer in ausreichendem Maße gelingt, zeigt sich in einem bei Kindern von Alleinerziehenden häufigen Verhalten: Sie fliegen oft regelrecht auf Erwachsene des „anderen" Geschlechts. Also Kinder von alleinerziehenden Müttern auf Männer; die von alleinerziehenden Vätern auf Frauen.

Beim täglichen Ablauf dagegen ist partnerschaftliches Miteinander, eine angemessene Arbeitsteilung von Elternteil und Kind, ein Muß. Und da liegen die Kinder von Alleinerziehenden um etliche Nasenlängen voraus, wenn's darum geht, ganz selbstverständlich ihren Arbeitsanteil, Mitverantwortung zu übernehmen. Das klappt sogar ohne Versprechungen. Anderen Kindern muß man fünfzig Pfennige bieten, damit sie den Mülleimer runterbringen. Kinder von Alleinerziehenden denken da schon eher, das müssen „wir" über die Runden bringen. So eine Mitverantwortlichkeit macht die Kinder selbständiger und auch selbstbewußter. Sie tragen ihren Teil zum Familienleben ja bei. Klar, daß bei so einer Arbeitsteilung von einem Kind nicht zuviel verlangt werden darf. Mit dem nötigen Einfühlungsvermögen klappt das aber meistens.

Es gibt schon eine große Zahl von Alleinerziehenden, die von sich aus initiativ geworden ist, um andere in ähnlicher Lage zu finden und Kontakte aufzubauen. Sie waren das nervende Herumorganisieren und Alleinsein mit dem Kind leid. Ihnen war auch klar, daß von außen keine Hilfe zu erwarten ist. Auf mehr Tagesstätten für Kinder, mehr Kindergartenplätze und flexiblere Zeiten dort wollten sie nicht länger warten. Sie haben selbst Gruppen gebildet, um sich gegenseitig zu helfen, aber auch um ihre Gedanken und Probleme auszutauschen. Dabei merken sie rasch, daß sie fast alle die gleichen haben.

Sie helfen sich gegenseitig, nehmen sich hin und wieder die Kinder ab. Eine Nichtberufstätige hütet ein Kindergartenkind, bis dessen berufstätige Mutter nach Hause kommt. Möglichkeiten gibt es da genug, wenn man bereit ist, an einem Strang zu ziehen und die gleichen Bedürfnisse hat. Man kann Diskussionen veranstalten, sich zu gemeinsamen Festen und Ausflügen zusammentun und gegenseitig babysitten. Endlich mal wieder alleine, ohne die Kinder, weggehen zu können, das gibt schon wieder Aufschwung. Aufschwung, das tägliche Organisationskarussell lockerer in Schwung zu halten.

Viele Alleinerziehende haben sich in Gruppen zusammengetan oder einem größeren Verband, wie zum Beispiel dem „Verband alleinstehender Mütter und Väter“ (VAMV) angeschlossen. (Der Verband gibt eine Broschüre heraus „So schaff ich es allein“, in der viele wichtige Fragen behandelt werden. Außerdem kann man beim Verband eine Adressen-Liste der einzelnen Ortsverbände anfordern.) Mit solchen Hilfen im Rücken können sich Alleinerziehende das Leben leichter machen, lockerer das tägliche Organisieren bewältigen und sich entspannter ihrem Kind zuwenden.